偉人の花ことば

杉原梨江子

説話社

はじめに

私たちにエールを送ってくれる花名言

花を贈ることは、メッセージを贈ること。

あなた自身のために、そして、大切な人のために、役立てていただきたくて、この本を書きました。

執筆のきっかけは、二〇一七年に出版した『神話と伝説にみる 花のシンボル事典』（説話社刊）の資料を集めていたとき、芸術家や歴史上の人物たちの花にまつわるエピソードを数多く知ったことです。ある花との出会いが後世に残る仕事をする転機となったり、その人の生きる指針になったりと、著名な人々がこれほど花を愛し、人生の中で特別な存在と考えていることに感動を覚えました。

ゴッホのヒマワリ、シャネルのツバキ、宇野千代のサクラ……というように、その人の代名詞と呼ばれる花もありますね。

偉人たちは、花に託した思いを〝言葉〟に残しています。

それぞれの人の生き方を凝縮するようなひと言は、日常を生きる私たちの背中を押すものが多くありました。

目標に向かうとき励ます言葉、悩んだり迷うとき勇気をくれる言葉、新しい門出を祝福する言葉、家族や友人と絆を結ぶ言葉……。

花の姿、美しい色、香りにふれながら、つぼみから花咲くまでの成長を見つめながら語られる短い言葉――「花名言」(花ことば)は、私たちにエールを送ってくれます。

花屋さんで手に入れやすい花の種類を選び、九十八人の花の名言をご紹介しました。名言を心にとめて花を飾ったり、花束のカードにさりげなく添えたり、花を贈るとき、〝言葉〟を贈る楽しみをプラスしていただけたらと思っています。

花には、人を幸せにする力がある、と私は思います。

この本を手に取ってくださったあなた、まずはご自身のために読んでください。そして次は、誰かのために言葉を選んでみてください。後半では花の贈り方のアドバイスもしています。理想の花束を手に入れるコツなどを書いていますので、思わず笑顔が浮かぶような贈り物のヒントにしてくださったらうれしく思います。

自分だけの花を咲かせたいと願うすべての人に、花名言を捧げます。

二〇二一年十一月吉日

杉原梨江子

目次

第2章　愛を伝えるバラの名言

第3章　心を届けたい花の名言

巻末資料&情報

第1章

大切な人に届けたい 花の名言

＊本書の名言ページで掲載した「花言葉」は、それぞれの名言の意味や人物のエピソードをもとに選んだものです。

アジサイ

こころはあじさいの花　ももいろに咲く日はあれど
うすむらさきの思い出ばかりはせんなくて

——「こころ」

萩原朔太郎（一八八六〜一九四二）

花言葉

揺れる心

PROFILE

大正から昭和初期にかけて活躍した詩人。一九一七年、第一詩集『月に吠える』で詩壇から注目を浴びる。代表作は『青猫』『蝶を夢む』。雑誌『文章倶楽部』一九一八年五月号のアンケートで好きな花は紫色の濃いスミレ、スズラン、桜、高山植物の花と答えている。没年五十五歳。

誰もが揺れる心を抱いて生きている

淡い緑色が少しずつ青みを帯びて水色へ、青が深まり藍色へ。淡い桃色から濃い桃色、紅紫色へ。花の色が刻々と変わっていく姿をたとえて、萩原朔太郎は「心はアジサイの花」と言いました。詩集『純情小曲集』所収の詩「こころ」の一節です。

桃色のアジサイのように優しい気持ちになる日もあれば、ブルーな思い出ばかりが心に浮かぶ日もありますね。思わず共感、うなずいてしまうつぶやき。毎日の暮らしの中で、誰もが揺れる心を抱いて生きていることを愛おしく思う言葉です。

アジサイは今、一年中手に入る花材の一つです。花の色や種類もさまざまにあります。ちょっと落ち込んでいる友人に、仕事仲間に、アジサイの花に添えて贈ってはいかがでしょうか。

アジサイをメインに、熱帯植物の大きな葉を添えると元気が出るアレンジになります。五～六月なら鉢植えを贈るのも素敵です。一般的な花言葉が「移り気」だからか、この花を女性に贈るのをためらう人がいますが、花期が長いことから「辛抱強い愛情」も象徴する花です。「心が揺れ動くことがあっても、長ーく愛していています」と秘めた情熱をこめて。

▼元気になってほしい友人に、愛する異性に、アジサイの花束や鉢植えを。

アネモネ

どうか私を——このアネモネの花を摘み取ってください。
永遠にあなたの花なのです

エミリー・ディキンソン（一八三〇〜一八八六）

花言葉

せつない恋

PROFILE

アメリカの詩人。生前は全くの無名。没後、家族が膨大な詩の手書き原稿を見つけ、一九五五年全詩集の出版で評価が高まり、アメリカを代表する詩人と称えられる。自然、愛、神、永遠をテーマに、スミレ、バラ、アサガオ、リンドウなど多くの花を詩の中に登場させている。没年五十五歳。

真っ赤なアネモネの花束に恋心を託して

アメリカを代表する詩人、エミリー・ディキンソンの詩の一節です。アネモネは古来、愛を伝える風の花。属名「Anemone」はギリシャ語で「風」という意味で、英名は“wind flower”。花びらが風に揺れているときが最も美しい春の花です。

「あなた」は風、「私」はアネモネ。せつない恋心を伝えるのに、アネモネほどふさわしい花はないように思います。風のように気ままな相手ならなおさらです。

春に咲く花の多くは淡い色彩が多いですが、アネモネは真紅、ローズピンク、紫色などビビッドな色が特徴です。愛の告白には真っ赤なアネモネだけの花束が心に残ると思います。

エミリーは名もない花でした。自宅でひとり詩を書き、生前に発表されたのはわずか八編。一冊の詩集も出さないまま、五十五歳で世を去りました。自分の感性を大切にし、花に託して心情を語り、毎日を丁寧に生きた人でした。詩に登場する「あなた」が誰のことかはわかっていません。彼女が残した言葉に、「〝私の顔です〟という証《あかし》に、花を一輪持っていきましょう」とあります。自分の心をしっかりと伝えるために花を贈ることをエミリーもすすめています。正直な気持ちを花に託して伝えましょう。

▼愛の告白には赤いアネモネをメインに、部屋に飾るなら様々な色を組み合わせた花束を。

アヤメ

「六日のあやめ、十日の菊」では、商品価値はゼロである

本田宗一郎（一九〇六〜一九九一）

花言葉

時を逃すな

PROFILE

実業家、技術者。〝世界のホンダ〟創業者。自動車修理工場に徒弟奉公して技術を身につけ、一九四六年浜松市に本田技術研究所を開設。二年後に本田技研工業を設立し大企業に育てる。趣味は絵。花の機能を考えて描くとその美や本質をつかめると言った。没年八十四歳。

才能を生かしてチャンスの風をつかめ

スピードを重視した本田宗一郎の名言。「どんなに優れた工夫や発明でも、必要なときに提供できなければ何らの価値もない」と続いて、この言葉を語りました。

「六日のあやめ」は五月五日の端午の節供の翌日に咲いたアヤメのこと。「十日の菊」は九月九日の菊の節句（重陽《ちょうよう》の節句）の翌日咲いた菊。どちらも、時機に遅れて役に立たないことを花でたとえたことわざです。アイデアもスピードが大事。「人より一秒でも早くやるのが基本」であり、「時代に先駆けるアイデアが経営を繁栄に導く」と語りました。

成功をぼんやり夢見る人に喝《かつ》を入れるため、才能を生かしてチャンスの風をつかめよ、とエールを送りたいときに、この言葉を花に添えて贈ってはいかがでしょう。

端午の節句に使うのは実際はアヤメではなく、サトイモ科のショウブ。香りが強く、古来、邪気を払う力があるとされました。花束を贈るときは青いアヤメが美しく、喜ばれるでしょう。菊の節句は昨今ほとんど行われませんが、花びらに薬効があるため、昔は菊酒、菊水などで不老長寿を願う風習がありました。花束にはポンポン咲きの菊やスプレー菊、大輪菊を選ぶと、地味にならず、華やかで、粋に仕上がります。

▼夢を応援したい人、背中を押したい人に。初夏にはアヤメの花。初秋には菊の花を。

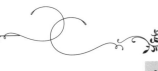

ウメ

紅梅《こうばい》は年老いてますます美に深みを増す

——『続 画室の中から』

小倉遊亀《おぐらゆき》（一八九五〜二〇〇〇）

花言葉

不死身

PROFILE

日本画家。滋賀県生まれ。教壇に立った後、画家、安田靫彦に師事。四十三歳のとき、三十歳年上の禅の研究家、小倉鉄樹と結婚し、平穏で幸福な暮らしを得る。五十歳を越えて世に広く認められた遅咲きの画家。紅梅、白梅、椿など花を多く描いた。一九八〇年文化勲章を受章。没年一〇五歳。

年を経てなお輝く人に敬意を込めて贈る

一〇五歳まで生きた日本画家、小倉遊亀の言葉です。七十四歳のときのエッセイで、年をとると、「老醜のみじめさを味わねばならない人間」に対し、紅梅の古木の美しさを書いています。幹は太くたくましく、樹皮にしわを重ね、屈曲した枝から青い茎を立て、真っ赤なつぼみを飾る紅梅。その姿を見て感動した遊亀は、「この不死身の花の、底しれぬ魅力を追いつめてゆくために」、紅梅をテーマに絵を描き始めようと決意したあと、約三十年を生きるのです。〝不死身の花〟とはまさに遊亀のことではないでしょうか。

あなたの周りにもいませんか。しわが深く刻まれていても美しい表情で、凛と立つ、紅梅のような人。初春、祖父母や両親に尊敬と感謝を込めて、紅梅の花束を。年齢を経てなお活躍する年上の友人知人に、敬意を表して贈るのもいいと思います。

梅は日本を代表する吉祥花。花びらが五枚あることから「五福」を表します。長寿、富貴、無病息災、人徳、天命を全うすること。相手の幸せを願う贈り物にふさわしい花です。

晩年、遊亀は「六十代から仕事がおもしろくなり、七十代が仕事ざかり」とよく語っていました。老いてますます輝く人に贈りたい紅梅の花です。

▼祖父母や両親への感謝を伝えたいとき、目上の人に敬意を表して。

オダマキ

しづやしづ　しづのおだまき　くり返し
昔を今に　なすよしもがな

――『吾妻鏡』

静御前《しずかごぜん》（生没年不詳）

花言葉

心意気

PROFILE

平安末期から鎌倉時代の白拍子。源義経が愛した女性。頼朝と対立したとき、義経に同行するが、ひとり吉野山で捕えられ鎌倉に送られる。頼朝夫妻の前で義経を思慕する歌を歌った後の消息は不明。静をモデルにした歌舞伎『義経千本桜』、能『吉野静』などがある。

何があろうとも、あなたを愛すると伝える花

オダマキは初夏、うつむいて咲く可憐な花です。花色は青紫、紅紫、白など日本女性らしい清楚な美しさがあります。名前は花の形が、紡いだ麻糸を中心を空《から》にして巻いた糸玉「苧環《おだまき》」に似ていることから名づけられました。

源義経が愛した女性、静御前の歌です。敵方の源頼朝に命じられ、鶴岡八幡宮の神前で舞いながら歌いました。訳は「静よ、静よと繰り返し、私の名前を呼んでくださった、昔のように義経さまのときめく世に今一度戻したいものです」。糸を繰り返し巻きながら玉にする苧環にたとえて、生き別れになった義経を恋い慕い、尊敬する気持ちを歌っています。権勢を誇る頼朝の前で堂々と、義経の世を願うとは度胸のある女性です。案の定、頼朝に激怒されますが、妻の北条政子のとりなしで許され、事なきを得たと伝わります。

この歌からは、どんなことがあってもあなたを愛する、という心意気を感じます。貫く愛の象徴として、愛する人にオダマキの花を贈りませんか。花束にはヨーロッパ原産の「西洋オダマキ」を。鉢植えの贈り物には小ぶりで可愛い日本原産の「ミヤマオダマキ」を。「いつも心にあなたがいます」と伝えたいときにもふさわしい花です。

▼大切な人に敬愛の念を込めて。遠く離れて暮らす恋人や伴侶に。

カーネーションがもつ衝動はただひとつ、ますます性急に、熱烈に、奔放に咲くことだ！

——"Nelke"

ヘルマン・ヘッセ（一八七七〜一九六二）

花言葉

喜び

PROFILE

ドイツの作家、詩人。代表作『車輪の下』『デミアン』。執筆以外は庭で過ごした。花を植えたり植物を観察する時間は「瞑想と同じように魂を解放させてくれる」と語り、作品に結びついた。一九四六年ノーベル文学賞、ゲーテ賞の受賞後も庭で一人過ごす時間を大切にした。没年八十五歳。

夢の成就をあらわす花の中の花

カーネーションといえば母の日の贈り物。思いやりにあふれた優しいイメージがありますが、ヘッセの心を通すとこれほど激しく、力強いパッションを感じる花になるのです。小説『車輪の下』で知られるヘッセは草花や木を愛し、花の詩やエッセイを数多く書いています。この言葉は一九一八年十一月に書いた詩〝Nelke（カーネーション）〟の一節。庭をテーマとする詩文集〝Freude am Garten（庭仕事の愉しみ）〟に掲載されています。

カーネーションは古代ギリシャの時代から「喜び」のシンボル。何層にも重なる花びらの美しさ、香りのすばらしさから、最高神ゼウスに喜びを与える花の中の花と讃えられました。絵画ではカーネーションを手にする人は夢の成就、結婚の約束を成し遂げたことを意味します。詩の中でヘッセはカーネーションを「炎」と呼び、情熱をかき立てます。

目標に向かって突き進む人に、成功を祈って贈りたい言葉です。

今は季節を問わず、一年中手に入ります。赤だけでも、明るい赤から紫がかった赤まで色彩豊富なのも魅力です。白い花びらに赤い筋があるカーネーションは情熱的な血潮《ちしお》を感じさせます。この言葉に似合うカーネーションの色選びを楽しんでください。

▼夢に向かって進む人に、情熱を燃やす人に、ヘッセの言葉を花束に添えて。

カラー

花《カラー》を手にとって本当に見るとき、その一輪の花はあなたの世界です

ジョージア・オキーフ（一八八七〜一九八六）

花言葉

自信

PROFILE

二十世紀を代表するアメリカの画家。拡大した花の絵を描き始めたのは三十代。カンナ、ケシ、ラン、バラ、黒いアイリスなど妖艶で独特な絵を多く描いた。ニューヨークを拠点に活躍し、晩年はニューメキシコに移り住む。八十代半ばに視力をほとんど失うが制作を続けた。夫は写真家アルフレッド・スティーグリッツ。没年九十八歳。

自分の世界を大切にするために飾りたい

オキーフは花を大きく大きくキャンバスいっぱいに描いた画家です。その花々はまるで個性をもった生身の女性であるかのように妖艶で、生命力に満ち、今も私たちを魅了します。

この言葉は花を拡大して描く理由について、インタビューに答えたときのものです。一輪の花を見たとき特別な何かを感じる、何かを思い出すという経験は誰にもあると思います。自然と湧き上がるその感覚が〝あなたの世界〟です。「花一輪見る間もないほど忙しく歩き回る人たちにもその世界を見せてあげたい、だからうんと大きく描くの」。そして、「他人と違っても、自分なりの見方や感じ方に〝自信〟をもってほしい」と語りました。

自分の世界を大切にするために飾りたいのはカラーの花です。〝オキーフの紋章〟と呼ばれる代表作「ピンクの上の二つのカラー・リリー」のような白い花二本を再現して。花の白色は「純粋」のシンボル。清らかな心をもつ人に「この花はあなたです」と愛情と尊敬の念を込めて贈るのも素敵です。絵の背景に似たピンク色のペーパーで包むと優雅な花束になります。最近は紫色、黄色、オレンジ色など色彩豊富。オキーフは「色は人生を生きる価値あるものにする偉大なもの」と言います。色選びも楽しみたいカラーの花です。

▼愛と尊敬を込めて、大切な友人、親や祖父母の記念日に。自分だけのために花一輪。

キク

菊根分け　あとは　自分の土で咲け

――『どうか娘を頼みます』

吉川英治（一八九二〜一九六二）

花言葉

自立

PROFILE

作家。神奈川県生まれ。『鳴門秘帳』で流行作家となり、『宮本武蔵』で時代小説に新境地を開く。大家族で暮らし、晩年妻に「二人きりになったら小さな家を建て、庭に朝顔でも作りながら暮らそうよ」と語っていた。代表作に『三国志』『新・平家物語』など。二〇二〇年青梅市吉川英治記念館が開館。没年七十歳。

門出の励ましに贈りたい吉祥花

吉川英治が枚方《ひらかた》市の菊人形展を鑑賞したときに作った一句。丹精こめて育てた菊を株分けすることに掛け、子どもが親から独立したら、「自分の力で生きていけよ」と励ます言葉です。結婚式の祝辞によく使われる句ですが、技術を身につけて一人立ちする部下や弟子の成長を讃えるときにもいいと思います。吉川は対でもう一句、作っています。

「菊作り　咲きそろう日は　影の人」

見事に咲いた花の姿を陰ながら見守っているよ、と菊を育てた職人、つまり子どもを大切に育ててきた親の思いを伝えるものです。前句は新郎新婦に、こちらは両親に贈る言葉として。吉川は結婚式の招待を受けると、よほどのことがない限り出席し、スピーチを引き受けました。ご縁ある人の慶び事には直接お祝いを述べたいという思いからでした。

菊は古来、「不老長寿」のシンボル、富と豊穣をもたらす吉祥花です。最近は大輪やポンポン咲きなどモダンな形の菊も多く出回り、選ぶのが楽しい花材の一つです。結婚のお祝いの花には暖色系など明るい色の花を選びましょう。白い花々に淡いピンク色やサーモンオレンジの菊、グリーンの葉を加え、暖かな家庭をイメージさせる演出を。

▼永遠の幸福を願って新郎新婦に、部下や弟子の成長を祝って門出の花束にも。

ケイトウ

わが身ひとり、倒れ死すべき鶏頭の一茎とならびて立てる心はいかに

――『濹東綺譚』

永井荷風（一八七九～一九五九）

花言葉

追憶

PROFILE

作家。東京生まれ。ゾラに影響を受けて『地獄の花』を発表。向島の唱家、玉の井に通って素材を得た『濹東綺譚』は荷風文学の頂点と評価が高い。権威に迎合せず市井に暮らし、自由に生きた。遊学後に書いた『あめりか物語』『ふらんす物語』、日記『断腸亭日乗』など。没年七十九歳。

特別な人への思いを込めて

代表作『濹東綺譚《ぼくとうきだん》』からの言葉。主人公の老作家が東京・向島の娼家、玉の井で出会ったお雪を思い出しながら書いた詩の一節です。

鶏頭は花びらが肉厚の赤い花。鶏のトサカのような形から名づけられました。しっとりした羽毛のような感触がどことなく色っぽい、夏に咲く花です。小説の中の鶏頭は九月半ばまで咲いていました。秋雨が続き、庭で倒れた鶏頭を見て、夏に別れたお雪を思い出します。自ら彼女のもとを離れたのですが、忘れられない女性でした。「過去を呼び返す力に優れたミューズ（女神）」と書いています。

鶏頭の花はもう会うことはない人の分身です。ある花を見ると決まって誰かが心に浮かび、当時の自分を懐かしく思い出す……。そんな特別な人との出会いはありませんでしたか。会う機会の少なくなった友人や恩師に、追憶の念を込めて贈ってはいかがでしょうか。過ぎ去った記憶を胸に、自分一人のために、鶏頭を飾るのもいいと思います。赤だけでなく、黄色や濃いピンク色、炎のような形の品種も魅力的です。熱帯植物の大きな葉や果実と組み合わせ、エキゾチックにまとめると個性的で、心に残る花束になります。

▼思い出を共有したい人に、懐かしい友人知人に、鶏頭の花を集めて。

サクラ

時を待つ心は、春を待つ桜の姿といえよう

――『道をひらく』

松下幸之助（一八九四～一九八九）

花言葉

時を待つ力

PROFILE

実業家、発明家。和歌山県生まれ。松下電気器具製作所（現パナソニック）を一代で世界的企業に築き上げ、「経営の神様」と呼ばれた。本社近くのさくら広場には百九十本のソメイヨシノ。著書『道をひらく』『夢を育てる』などで叱咤激励する言葉は、現在も多くの人を励まし続ける。没年九十四歳。

「春」は必ず来ると信じること

松下幸之助のエッセイ『道をひらく』の一文です。何事を成すにも時があります。「時」。それは人間の力を超えた、目に見えない大自然の力だと、松下は桜とともに語ります。春が来なければ桜は咲きません。どんなに焦っても、時期が来なければ物事を成就させることはできません。しかし冬が来れば、春はもう近い、と。

桜は日本を象徴する花。古来、春の到来を知らせる神の依代《よりしろ》でした。どれほど苦しい状況でも、いつか必ず、満開の桜が咲くと信じ切ることができるかどうか、桜を見上げて、心に問いたい言葉です。ただし、何もせずに待つことではありません。桜は静かに春を待つ間も休むことなく、芽生えの力を蓄えているのです。物事が進まないときこそ、技術を磨いたり、チャンスに備えて準備をすることです。

松下がよく語っていたのは「やり遂げようという〝強い思い〟で臨むこと。「着々と力を蓄える人には、時は必ず来る」ということ。試練を乗り越え、一代で世界的企業に築き上げた松下だからこそ響く、桜の言葉です。この言葉を胸に、桜の枝を大きな花瓶に飾りましょう。桜の花束は〝春を呼ぶ〟エールの贈り物に。

▼大きな成功に向かって歩き始めた人、忍耐の時を過ごしている人に。

サクラ

私にとって一本の桜は一体の仏像です

――『さくら・桜・サクラ』

東松照明《とうまつしょうめい》（一九三〇～二〇一二）

花言葉

祈り

PROFILE

戦後日本を代表する写真家。愛知県名古屋市生まれ。沖縄に取材した『太陽の鉛筆』、被爆地・長崎を撮った『NAGASAKI』シリーズなど、社会問題をテーマに作品を発表した。日本全国の桜を追いかけた写真集『さくら・桜・サクラ』では「桜と対決した」と語る。没年八十二歳。

小さな花が集まって咲き競う佇まい

毎年春になると、「さくら詣で」の旅に出て約十二年。昭和を代表する写真家、東松照明が撮り続けた桜の写真集『さくら・桜・サクラ六六』のあとがきの一文です。その時々で出会う一本の桜が、「光背《こうはい》を負う阿弥陀如来であったり、美しい横顔の弥勒菩薩であったり、邪気を踏みつけて立つ四天王であったりします」と書いています。東松の言うように桜はどこか、〃祈り〃の対象のような、神聖な美しさがあります。

桜は日本の国花。東松が子どもの頃は軍国主義の象徴に、さらに昔の戦国時代も「花は桜、人は武士」と潔く散る姿が讃えられました。しかし、東松は「大和心とは関係なく、ただひたすら美しい」と言います。「私のいう桜の美とは、散りぎわの潔さにあるのではなく、花一輪では概して美しくない集合の美についてである」。蘭や椿なら一輪でも美しいが、桜は「小さな花が寄り集まって咲き競う、その佇まいが美しい」。

仏像にたとえたこの言葉のように、桜ほど、人の心を感じさせる花はないように思います。桜の移り変わりに自分の人生を重ねる人もいるでしょう。

あなたにとって、桜の木とは何ですか?

▼伴侶に、お世話になった方に、友人に、この言葉を添えて、桜の花束や桜の鉢植えを。

サクラ

さまざまのこと思い出す桜かな

――『笈日記』

松尾芭蕉（一六四四〜一六九四）

花言葉

再会

PROFILE

江戸時代前期の俳人。伊賀（三重県）生まれ。二十九歳で江戸へ。バショウの苗を草庵の庭に植えるとよく繁ったので芭蕉庵と名づけ、三十八歳で俳号も「芭蕉」に。四十一歳から各地を旅しながら句をつくり、『野ざらし紀行』をはじめ、『笈《おい》の小文』『奥の細道』を残した。没年五十一歳。

思い出をわかち合いたい人に

桜は、芭蕉の故郷、伊賀に立つ木。旅に出ていた芭蕉が帰省したときの一句。若き日、俳諧をともに学んだ亡き主、藤堂良忠《とうどうよしただ》（蝉吟《せんぎん》）の息子から花見に招かれ、詠んだものです。

何げないつぶやきのようですが、この一句を読んで、あなたはまさに様々なことを思い出したのではないでしょうか。うれしかったこと、悲しかったこと、愛したこと愛されたこと……。思い出をあれこれとわかち合いたい人に贈りたい言葉です。

この帰省では芭蕉は弟子の一人、服部土芳《はっとりどほう》の草庵「蓑虫庵《みのむしあん》」に泊まっていました。約三年前、土芳と二十年ぶりに再会したときの句もすばらしいのでご紹介します。

命二ツの中に生《いき》たる桜哉《かな》　――『野ざらし紀行』

かつて俳句を学んだ十歳の少年、土芳は二十九歳、芭蕉は四十二歳。二つの命が再び出会い、生き生きと咲き誇る桜の木を見上げた喜びが伝わってきます。この句は再会を祝して贈りたいときに。成長を願う若い人に「見守っているよ」と伝えたいときにもいいですね。

贈る花は桜に限らず自由な発想で、この句と春の花との組み合わせを楽しんでみては。芭蕉の句に登場する菜の花、スミレ、山吹、藪椿、土筆《つくし》、柳の葉などを花かごに入れて。

▼懐かしい友人との絆のしるしに。卒業・入学・就職など、春の旅立ちに。

サクラ

ことしも生きてさくらを見ています。
ひとは生涯に何回ぐらいさくらをみるのかしら
――「さくら」

茨木のり子（一九二六〜二〇〇六）

花言葉

生きる幸せ

PROFILE

詩人。二十七歳のとき詩誌「櫂」を創刊。代表作「わたしが一番きれいだったとき」（『見えない配達夫』所収）は、国語の教科書に掲載される。五十歳を過ぎて韓国語を学び、翻訳詩集『韓国現代詩選』で読売文学賞。詩集『自分の感受性くらい』『倚りかからず』など。没年七十九歳。

今ここに生きている喜びを花に託して

毎年、春になると、誰もが桜を見上げます。染井吉野、山桜、八重桜、枝垂桜《しだれ》……。

この言葉は、詩集『食卓に珈琲の匂い流れ』にある詩「さくら」の一節です。今、ここに生きていることの喜びをわかち合いたい人に贈りたい言葉です。

人間より遥かに長い歳月を生きる桜の大樹が日本全国にあります。身近に立つ桜の木を、あなたはあと何回くらい見ると思いますか。茨木は「物心つくのが十歳くらいなら、どんなに多くても七十回ぐらい」と言います。それでも、もっと多く見るような気がするのは、「祖先の視覚もまぎれこみ重なりあい、霞だつせいでしょう」。かつてご先祖様が桜を見上げた記憶がＤＮＡの中に組み込まれ、何度も見たような錯覚を起こさせるのでしょうかと。

茨木の花の言葉をもう一つ。

「人間の顔は、一本の茎の上に咲き出た一瞬の花である」

彼女の言葉は読む人に、一日一日をどう生きるのか、と問いかけてくるようです。

桜の季節、自分のために桜を飾るもよし、来年も一緒に過ごそうと大切な人に贈るのもよし。春を過ぎたら、その相手をイメージさせる花を選んでみるのも楽しい贈り物です。

▼翌年の春もともに過ごしたいと夢を見て、桜の花束を大切な人に。

サクラ

生涯を恋にかけたる桜かな

鈴木真砂女《まさじょ》（一九〇六～二〇〇三）

花言葉

貫く恋

PROFILE

俳人。千葉県の老舗旅館吉田屋に生まれる。長姉が急逝して義兄と再婚し、旅館の女将となる。三十歳のとき、妻子ある年下の海軍士官と恋に落ちる。無一文で家を出、銀座で小料理屋を開く。九十歳を過ぎても店に立ち、恋の俳句を多く詠んだ。没年九十六歳。

真砂女を見守った銀座の桜

銀座の桜を詠んだ一句。恋を貫く勇気をくれる言葉です。一人の男性を愛し抜いた真砂女。「人悲します　恋をして」、五十歳のとき、すべてを捨てて家を出ます。借金をして銀座に小料理屋「卯波《うなみ》」を開き、店の女将をしながら俳句を詠みました。妻子ある男性との恋愛は戦争を挟んで約四十年。晩年インタビューに答えて、「女房になったから、ならないからってどうってことない。会えればいい」と微笑んだ真砂女。

今は銀座さくら通りとして、東京の桜の名所になっている辺りに店はありました。ほんのり紅色の八重桜の並木。ソメイヨシノよりもずっと濃いピンク色の花びらが何枚も重なる姿は真砂女のつのる恋心を象徴するようです。愛した人が亡くなったのは、桜が散って、咢《がく》に残った赤い蘂《しべ》が降りしきる季節。通夜も葬儀も出ることを許されず、お寺の門の表の暗がりに立って、ひそかに一人で通夜をしました。

「桜蘂《さくらしべ》一つの悔も残さずに」。忌ごとに桜蘂の句が生まれることになりました。

銀座に共通の思い出がある友人にはこんな桜の句もいいですね。

「散り残る花に銀座は灯ともしぬ」。

▼恋のエールに桜の花束を。花を育てるのが得意な人には八重桜の鉢植えも素敵です。

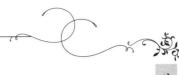

サクラ

桜は、幸福を呼ぶ花です

宇野千代（一八九七〜一九九六）

花言葉

幸福

PROFILE

作家。山口県岩国市生まれ。作家・尾崎士郎、画家・東郷青児など才能ある男たちとの恋愛を経て、結婚した作家・北原武夫と創刊したファッション誌『スタイル』は大ヒット。桜をテーマにした着物デザイナーとしても活躍。『おはん』、『色ざんげ』『幸福は幸福を呼ぶ』など。没年九十八歳。

年を重ねてこそ人生の花は咲く

桜は作家、宇野千代を象徴する花。自分でデザインした桜の着物姿で語った言葉です。エッセイの中で千代は〝花咲か婆さん〟になり切って幸福の花びらをぱっぱ、ぱっぱとばらまく、と書いています。桜の花びらをばらまくのは「自分にも他人にも、幸福だけを伝染させて、生きて行こう」と思うからです。すると、枯れ木のような人にもたちまち「幸福の花」が咲く。このように心がけたら人生はいつでも花盛り！　と思えてきます。

七十歳のとき、千代は一本の桜の老樹と出会います。岐阜県本巣市に立つ「淡墨桜《うすずみ》」。樹齢約千五百年の彼岸桜です。枯死寸前の姿を見た千代は「もう一度、花を咲かせたい」と願い、岐阜県知事に手紙を書くなど働きかけます。桜の再生への動きが高まり、樹勢を取り戻した淡墨桜は「日本三大桜」の一つとして今も毎春、見事な花を咲かせます。この出会いから小説『薄墨の桜』が生まれました。淡墨桜はピンク、白、淡い墨色と刻一刻と変化します。その瞬間、瞬間が人生であり、「私は幸せ。むかしも今も、これからも」と笑って九十八歳まで生きました。最晩年に書いた言葉も年を重ねる楽しみが湧いてきます。

「女は六十歳からが本当の人生の始まりである。年を重ねてこそ人生の花は咲く」。

▼桜の花を贈り、相手を幸せな笑顔にしましょう。桜模様の小物を添えるのも素敵。

サクラ

面影は身をもはなれず山桜
心のかぎりとめて来《こ》しかど

――『源氏物語―若紫』

紫式部（生没年未詳）

花言葉

ときめく心

PROFILE

平安時代中期の作家、歌人。九九九年（長保元年）藤原宣孝と結婚、娘（賢子）を生む。夫と死別後、『源氏物語』を書き始める。文才が認められ、一条天皇の中宮彰子に仕えた。『源氏物語』では藤、葵、夕顔など花に託して女性の特徴を描いている。『紫式部日記』『紫式部集』。没年未詳。

最も大切に愛した女性をサクラにたとえて

光源氏がのちに妻とする紫の上を見初めたときに詠んだ歌の一節です。

紫式部は幼い少女の美しさを山桜にたとえています。山桜は日本に自生する桜。古代から親しまれてきた春を呼ぶ花木です。濃いピンク色の八重桜や枝垂《しだれ》桜のような派手さはありませんが、慎ましく、凛とした美しさがあります。

「山桜の美しい面影が私の身を離れません。心はありったけ、そちらに置き留めてきました」。少女を養う祖母の尼に宛てた手紙の中で思いを伝えています。二人が出会ったとき、彼女はわずか八歳。その後源氏は、数々の女性と関係しますが、最も大切に愛した女性は紫の上でした。

紫式部は、紫の上を清楚な美しさと賢さとを兼ね備えた、思いやりにあふれる女性として描きました。山桜は紫の上のように聡明で美しい、憧れの人を象徴しています。少し遠い存在の心惹かれるあの人に届けたい言葉です。ときめく思いを山桜に託して贈りませんか。

平安時代の衣装の色合わせ「かさねの色目」を参考にラッピングを工夫してみてください。「桜」を意味する白と紅、二色の和紙を重ねて包むと言葉がより引き立つと思います。

▼憧れの人に、美しい人に、平安の色合わせの和紙で包んだ桜の花束を。

サクラ

ちりぬべき時しりてこそ世の中の花も花なれ人も人なれ

細川ガラシャ（一五六三〜一六〇〇）

花言葉

潔く去る

PROFILE

明智光秀の娘。本名、玉。ガラシャはキリスト教の洗礼名。細川忠興の妻。本能寺の変で逆臣の娘として幽閉される。豊臣秀吉に許され復縁後、キリスト教の洗礼を受ける。関ケ原の戦いで石田三成の人質要求を拒否、自らの命を絶った。没年三十八歳。

花も人も散りどきを心得てこそ美しい

細川ガラシャが詠んだ辞世の句。細川家に伝わる書物の一つ『綿考輯録《めんこうしゅうろく》』巻一三に掲載されています。

戦国の世、「花」と言えば桜のこと。日本を象徴する春の花です。樹冠いっぱいに花を咲かせ、盛りを過ぎると一瞬で散る姿に、ガラシャは自分の人生を重ねました。花も人も散りどきを心得てこそ美しい。私もそういう人になりたい、と歌っています。

十六歳で細川忠興の妻となった玉は美しく、仲睦まじい夫婦でした。本能寺の変で状況は一変。関ヶ原の戦いのとき、石田三成率いる西軍の人質となることを拒み、家臣に胸を突かせ、自害。ガラシャの侍女しもが一六四七年、最期の様子について藩に報告した『霜女《しもじょ》覚書《おぼえがき》』によると、この決断は徳川家康に従い東軍で戦う夫、忠興の足手まといになるのを避けたためといいます。

昨今の研究では、主君殺し光秀の娘という恥の上、さらに捕らわれて恥を重ねるより、潔く散ることを選んだとされるなど諸説あります。いずれにせよ、引き際を見極めることの大切さを語るガラシャの言葉です。

▼自らの進退を決めたとき、挨拶に添えて。潔く去る決断をした人を讃え、桜の花束を。

サフラン

これからも、サフランはサフランの生存をして行くであろう。私は私の生存をして行くであろう
——『サフラン』

森鷗外（一八六二〜一九二二）

花言葉

わが道をゆく

PROFILE

明治・大正時代の作家。島根県津和野生まれ。軍医総監へと昇進を果たしながら、多彩な文学活動を展開。随筆『花暦』には庭「観潮楼」で育てた七十種類もの花の開花状況を記す。花の名所に妻子とよく出かけ、小石川植物園がお気に入り。代表作に『舞姫』『雁』『高瀬舟』など。没年六十歳。

前途を祝して、若い友人に贈りたい

随筆『サフラン』の結びの一文。年末、干からびた球根に咲くサフランを買って鉢に植えた鷗外。花が終わったあと、水もやらないで放っておいたのに、一月になると青々とした葉が群がって出たのを見て、「あらゆる抵抗に打ち勝って生じ、伸びる」と感動します。サフランの花は美しい紫色。クロッカスの仲間で、秋に咲く種をサフランと呼びます。鷗外のサフランは真冬に咲いていました。その強靭な生命力はどんな過酷な状況でも、人はそれを乗り越え成長することができる、きっと芽は出ると勇気をくれます。

随筆は若い文筆家、尾竹（富本）一枝へのエールとして書かれました。奔放な言動で批判を受けることも多かった一枝が主宰する芸術雑誌『番紅花』の創刊号に寄稿したものです。この言葉からは「他人が何と言おうと、わが道をまっすぐ歩いていくんだよ」という鷗外の心の声を感じます。若い友人に、試練の渦中にいる人に、サフランの鉢植えを贈ってはいかがでしょうか。ガーデニングが好きな人なら、夏に球根をプレゼントすると楽しみがいろいろ増えます。秋に花が咲いたら赤い雌しべを収穫し、乾燥させると黄色の染料に。パエリア、ブイヤベースなどに役立つので、料理好きの友人への贈り物にも。

▼自分を信じて進もう、花を咲かせようと背中を押したいときに。若い世代の門出に。

サルスベリ

わさわさと散り、もりもりと咲く百日紅

――『百日紅』

杉浦日向子（一九五八～二〇〇五）

花言葉

したたかさ

PROFILE

漫画家、江戸風俗研究家、文筆家。生家は東京・日本橋の呉服屋。デビュー作『通言室乃梅』、彰義隊を描いた『合葬』など綿密な時代考証とともに江戸の人々の暮らしを描き、八十年代の江戸ブームを牽引した。一九九三年漫画家をやめて隠居し、江戸風俗や浮世絵の研究に専念。没年四十六歳。

〝もりもり咲く〟百日紅に元気をもらおう

サルスベリは真夏に咲く、背の高い花木。梅雨明けから秋まで百日間も咲き続けることから「百日紅」と名づけられました。ピンク色の花が樹冠いっぱいに咲く姿は見事です。

この言葉は、まるで住んでいたかのように、江戸の風俗や人々の暮らしに詳しかった杉浦日向子の文章。葛飾北斎の娘、応為《おうい》（作中ではお栄）を描いた漫画の表題を『百日紅』にした理由についての一文です。

杉浦の家から駅までの道はサルスベリ並木。道が薄紅色に染まるほど花を散らすのに、どの枝の花が散ったのか、わからないくらいにびっしりと咲いていたそうです。太陽がぎらぎら照りつける空の下、平然と咲くサルスベリの〝したたかさ〟に、江戸の女性浮世絵師の姿がだぶり、表題が決まったと書いています。応為は北斎の助手を務め、少々口は悪いが男気があって、北斎に「美人画はかなわない」と言わせたほどの絵師でした。

人生いろいろ、散っても散っても何食わぬ顔で、もりもり花を咲かせよう！　と元気が湧いてくる言葉です。異名が多くある花で、フリル状の小さな花が風もないのに細かく揺れることから「くすぐりの木」、幹がつるつるしてサルでも滑って落ちるから「猿滑り」。

▼何事も笑い飛ばそう、タフに生きよう、とエールを届けたい友人に、サルスベリの鉢を。

シクラメン

まるで、篝火《シクラメン》のようね

九条武子（一八八七～一九二八）

花言葉

守護

PROFILE

大正時代の歌人。京都生まれ。西本願寺の大谷光尊の次女。佐佐木信綱に和歌を学ぶ。才色兼備で知られ、柳原白蓮、江木欣々とともに大正三美人と称された。京都女子大学の創設者の一人。歌集『金鈴』『白孔雀』、歌文集『無憂華』など。没年四十二歳。

残念な花名を美しい呼び名に変えた歌人

赤いシクラメンを見て、美貌の歌人、九条武子が言った言葉。花の形や色から炎にたとえた感性、素敵だと思いませんか。彼女の言葉からシクラメンは一時、「篝火花《かがりびばな》」と名づけられたことがありました。暗闇に灯をともし、行く道を明るく照らす篝火のように、「元気を出して」と伝えたい人に贈りたい花です。

かつて、シクラメンは「ぶたのまんじゅう」と呼ばれていました。英名“sowbread”をそのまま訳したもので、なんともひどい名前です。花の美しさとあまりにかけ離れていることを嘆いた植物学者の牧野富太郎が、ある日、新宿御苑の温室で武子が友人とこう話していたのを聞いてひらめき、「篝火花」と名づけたのです。残念ながら、この名前は一般に広まらず、属名の「Cyclamen シクラメン」で落ち着きました。

シクラメンは薬用植物であることから、古代ヨーロッパでは護符の花。寒い冬の間も美しく咲き、家族の健康と幸福を見守ってくれる花です。赤だけでなく、濃いピンク色や白もきれいです。ただし、お見舞いに鉢植えを贈るのはタブーです。

▼大切な人に守護の花として、クリスマスや年始の贈り物に。

スイセン

あなたの魂は金色のスイセンよ

――『アンの青春』

L・M・モンゴメリ（一八七四〜一九四二）

花言葉

友情

PROFILE

カナダの作家。『赤毛のアン』の作者。プリンスエドワード島生まれ。二歳で母を失い祖父母に育てられた。教師、郵便局助手などを続けながら詩や小説を書いた。長編小説『赤毛のアン』は少女読者の絶大な支持を受け、続編は七冊。『アンの想い出の日々』を書き上げた直後に死去。没年六十七歳。

心から愛し、信頼する友へ

児童文学『赤毛のアン』は花の美しい言葉の宝庫です。「魂は花のようなもの」と友だちのプリシラが言うのを聞いて、アンが答えた水仙の言葉。

“Your soul is a golden narcissus.”。友だちの魂を花にたとえる発想、アンらしいと思います。早春に咲く水仙は「希望」のシンボル。春の光を浴びて、花びらがキラキラと金色に輝く様子から、美しい魂を持った人と想像したのかもしれません。アンの親友たちの魂も様々な花にたとえています。「ダイアナは赤い赤いバラ、ジェーンは甘いピンク色のリンゴの花」そして、アンの魂は「紫色の縞が入った白いスミレね」とプリシラが答えます。どの花も個性的で美しく、お互いを心から信頼していることが伝わってきます。

花束を贈るとき、「彼女（彼）の魂は何の花?」と想像して選んでみては?「どんな花になりたいかな」と考えて、未来の自分へのエールとして飾るのもいいですね。

アンの言葉はときめきに満ちています。「暗い中で花のにおいをかぐのがすき。そうすると花の魂にふれられるもの」。ライラック、桜、芍薬、サンザシ……本を読み返しながら、花の言葉をもっと見つけてください。

▼友情のしるしに、誕生日や記念日に、相手の〝魂〟のような花を贈りましょう。

スイートピー

紫色一面に咲きみだれるスイートピーにほっとする

――『沈黙の春』

レイチェル・カーソン（一九〇七～一九六四）

花言葉

感謝

PROFILE

アメリカの海洋生物学者、作家。ピッツバーグ市郊外の美しい自然の中で育つ。一九六二年出版の『沈黙の春 Silent Spring』は世界に衝撃を与え、環境保護運動のきっかけとなった。晩年、病と闘いながら書き続けたエッセイ『センス・オブ・ワンダー』など。没年五十六歳。

地球の美しさに思いをめぐらすことの大切さ

自然の神秘に目を見はる〝感性〟を大切にすることを伝えた生物学者レイチェル・カーソン。この言葉は農薬の危険性を警告した『沈黙の春』で植物の被害を報告したページの抜粋です。自然の法則は「限りなく私たちを癒してくれる何かがある」と書いています。

スイートピーはとてもいい香りのする春の花。紫色のほか、ピンク色、レモン色、白、赤など優しい色合いにほっとします。切り花ではわかりづらいですが、野生のスイートピーをよく見ると、蔓がくるくると螺旋《らせん》を巻く様子や、葉は二枚が向かい合うのを発見します。「植物は生命の網の目の一つ」であり、「かけがえのない役目を果たしている」と花々と人間とのつながりについて語りました。

私たちも誰かと影響し合って生きています。「見守ってくれて、ありがとう」と伝えたいとき、「そばにいるから安心して」と応援の気持ちを届けたいとき、スイートピーの花束に思いをのせて贈りましょう。晩年のエッセイの言葉も素敵です。

「地球の美しさについて深く思いを巡らせる人は、生命の終わりの瞬間まで生き生きとした精神力を保ち続けることができるでしょう」。

▼感謝を伝えたい人にスイートピーの花束を。甘い香りも心を届けるのに役立ちます。

スイレン

スイレンはいつも、沈んだ気持ちを明るくしてくれます

ターシャ・テューダー（一九一五～二〇〇八）

花言葉

喜びを見つける

PROFILE

アメリカの絵本作家、画家、園芸家。北米バーモント州の山奥でほぼ自給自足で暮らしながら、作品を描いた。広大な庭に花々を植え、野菜やハーブを育てるライフ・スタイルは世界中のガーデナーの憧れ。八十九歳のときの夢は「バラの専門家になること」。著書『喜びの泉』など。没年九十二歳。

うれしいことに目を向けて生きる

ターシャ・テューダーは日常の中に幸せを見つけることが得意な人でした。この言葉は後悔したり、くよくよしてしまうとき、ターシャならどうするかを語ったものです。
「失敗や過ちを思い出すことは私にもあります。そんなときは、考えるのを急いでやめて、スイレンの花を思い浮かべるの」。

スイレンは初夏になると、長男、セスが造った池の水面に咲きました。白や黄色、ピンク色。学名「Nymphaea《ニンファ》」は水の精霊のことで、古代から「豊穣と再生」のシンボル。池の底の泥に染まらず、何度でも美しい花を咲かせるからです。花は夕方に閉じ、朝に再び開花します。今日がどんなにつらい一日だったとしても、朝がくれば新しい自分に生まれ変われる、と花が導いてくれるようです。

ターシャは人が幸せに生きるちょっとしたアイデアのような、素敵な言葉をたくさん残しました。同じ風景を見ても、同じ出来事を体験しても、感じることは人それぞれ。
「自分がうれしくなることに目を向けて生きましょう。幸せは自分で創り出すのよ」といつも語ったターシャからのメッセージです。

▼幸せを願うすべての人に、前向きな心を届けたい人に、スイレンの水鉢を贈り物に。

スイレン

私たちは互いをまた見いだすでしょう
湖の中で、あなたは水として、私はスイレンの花として

――「愛Ｖ」

ローゼ・アウスレンダー（一九〇一～一九八八）

花言葉

けがれなき愛

PROFILE

ドイツのユダヤ系詩人。チェルノヴィッツ（現ウクライナ領）生まれ。第二次世界大戦中、心臓病を患う母親と地下室を転々としながらナチスの強制移送から逃れた。迫害の恐怖、故郷を失った悲しみを抱えながら詩を書き、多くの文学賞を受賞した。詩集『盲目の夏』など。没年八十七歳。

愛し合う二人に恐れるものはない

湖面に浮かぶスイレンを想像してみてください。花は水がなくては生まれません。淡い黄色やピンク色、青、紫など、水の上で透きとおるように光る花びらは美しい。

詩集『雨の言葉』にある詩の一節です。やがて、「私たちは互いの一部となるでしょう」と詩は続きます。ローゼは第二次世界大戦中、ナチスの迫害から生きのびました。当時の経験を書いたエッセイには「耐えきれない状況下で、私は夢の織りなす言葉の中に生きていた。書くことが生きのびることだった」と詩作が自分を救ったと語っています。

スイレンは「純粋さ」の象徴です。泥沼から生まれますが汚れには染まらず、清らかな花を咲かせます。ローゼが一時暮らしたルーマニアの伝承では、花には魂があり、香りのあるスイレンは散ったあとも天国で再び咲くとされています。この言葉は愛し合う二人に試練が襲おうと恐れることはない、と伝えているようです。

朝咲いて、夕方には閉じる一日花。朝がくると再び花開きます。あなたという〝生命の水〟の中で私は花咲く、とメッセージを込めて、愛する人とスイレンの水鉢を育てては。花を浮かべた小さなビオトープで、幸せな水の庭を演出してください。

▼あなたはなくてはならない人、と伝えたい相手に、スイレンの水鉢を。

スズラン

女性の次に、最も神聖な創造物は、花《スズラン》です

クリスチャン・ディオール（一九〇五〜一九五七）

花言葉

幸運

PROFILE

フランスの服飾デザイナー。一九四六年パリ・モンテーニュ通り三十番地にメゾンを開設。チューリップライン、スズランを刺繍したドレス「MUGUET」など花から創造したデザインも多い。一九五七年秋、彼の棺には季節外れのスズランが飾られ、甘い香りで教会中が包まれた。没年五十二歳。

スズランを贈られた人には幸せが訪れる

世界中の女性をエレガントな衣装で幸福にしたディオールの言葉です。

〝花は神聖な創造物〟という感性は少年時代、自然と芸術とを愛する母親と一緒に草花を育て、庭づくりをした経験から育まれました。植物図鑑を見るのが大好きで、花の名前と形を夢中で覚えたり、花々の香りに包まれた記憶が創造のインスピレーション。「女性を花咲かせるドレスは愛情をもって育て、花を生けるように細部を調整します」と語っています。

ディオールが特別に愛した花はスズランです。鈴の形が可愛い、春を告げる花。初のコレクションでは胸元にスズランを飾りました。フランスでは五月一日は「スズランの日"JOUR des MUGUETS"」。感謝をこめて、愛する人やお世話になった人に贈る風習があり、贈られた人には幸運が訪れるといわれています。あなたも大切な人にスズランを贈ることを習慣にしてはいかがでしょうか。スズランだけでまとめた可憐なミニブーケ、スズランの鉢植え、「ディオール」という名の赤いバラと組み合わせると優雅な花束に。女性にはスズランの香りの香水「ディオリッシモ」とともに贈るのも喜ばれると思います。

▼五月一日「スズランの日」に愛する人に花束を。この花を贈ることは〝幸運〟をプレゼントすること。※花・葉・茎に毒をもつので注意。日常で使う食器に飾るのは避けてください。

スミレ

菫《すみれ》ほどな小さき人に生まれたし

――一八九七年二月の句

夏目漱石（一八六七〜一九一六）

花言葉

謙虚

PROFILE

明治時代に活躍した作家。『吾輩は猫である』『こころ』『三四郎』など今なお読み継がれている。正岡子規に俳句の手ほどきを受け、膨大な数の俳句を詠んでは彼のもとへ送った。この句は、妻鏡子と結婚した翌年に送った四十句のうちの一句。没年五十歳。

懸命に今日を生きるすべての人へ

処女作『吾輩は猫である』を発表する約八年前、熊本で高校の英語教師をしていたときに詠んだ一句。自分がやがて、著名な作家になることなど知る由《よし》もない三十歳の頃です。

スミレはひっそりと咲く、紫色や白の可憐な花。首をかしげるように咲く姿から、古来、「謙虚さ」や「控えめな心」を象徴する花です。

当時、東京での生活を捨て松山、熊本へと転々とした漱石は、野に咲くスミレの花を自分と重ね合わせたのかもしれません。自分も小さな名もなき花だけれど、精いっぱい咲いている。目立たなくてもいい、今ここに生きて、小さくても自分の花を咲かせよう、そんな思いで詠んだのかもしれません。

文豪、夏目漱石の言葉として考えないで、一人の人間のつぶやきとしてとらえると、その真意が伝わってくるように思います。

懸命に今日を生きる、無名のすべての人へ、漱石からの言葉の贈り物です。春を告げる小さな花、クロッカス、スズラン、マーガレットなどと一緒にまとめると優しい花束に。

▼スミレの花束にエールを込めて、自分のために、大切な友人のために。

スミレ

スミレは花びらを傷つけられて、いっそう強く香り立つのです

渡辺和子（一九二七〜二〇一六）

花言葉

強い心

PROFILE

キリスト教カトリック修道女。九歳の頃、二・二六事件で父、渡辺錠太郎の死を目撃。二十九歳で修道女として生きることを決める。三十六歳の若さでノートルダム清心女子大学学長に就任。一九八四年マザー・テレサ来日時には通訳を務めた。退任まで教壇に立ち、学生たちを支え、指導した。没年八十九歳。

小さきは小さく咲かんという誇り

野に咲く小さなスミレ。花びらは清らかな青や紫色。頭を下げるような花の姿から、「謙虚さ」を象徴しています。とくにキリスト教では、「慈愛のバラ、純潔のユリ、謙譲のスミレ」と呼ばれて愛され、聖母マリアに捧げる花の一つです。

『置かれた場所で咲きなさい』の著書で知られるシスター渡辺の第一著作集『スミレのように踏まれて香る』の一文です。この言葉に続くのは、「苦しみを踏み台にしてつつましくも健気に強く育っていくのは、人間も同じです」。

足下にひっそりと咲くスミレは春を告げる花。岩の間やアスファルトを突き破っても咲く生命力の強さから、ひたむきな努力が実ることを約束する花です。何度踏まれても、ますます香り豊かに咲くスミレでありたいと勇気が湧く言葉です。

シスター渡辺は〝花〟の姿を通して、人が自分らしく生きるメッセージを様々に語っています。スミレの花のように、「小さきは小さく咲かん」という健気さと誇りを持って生きること。大きな花、豪華な花を羨んで、自分を卑下しないように、と学生たちを叱咤激励しました。自分にしか咲かせることのできない花を咲かせようとする姿は美しい、と。

▼自信を失ったとき、試練の中でもがくとき、スミレの花の香りが背中を押してくれます。

スノードロップ

花は、じぶんの内側にひかりを持っていて
外側の花びらで包んでいる

――「スノードロップ」

岸田衿子（一九二九〜二〇一一）

花言葉

光

PROFILE

詩人、童話作家。東京生まれ。劇作家の岸田國士を父に持ち、姉は女優の岸田今日子。絵本『ジオジオのかんむり』や『かばくん』などの童話、テレビアニメ『アルプスの少女ハイジ』『あらいぐまラスカル』などの主題歌の作詞も手がけた。没年八十二歳。

人は誰でも光を持っている

詩人、岸田衿子の詩集『たいせつな一日』にある詩「スノードロップ」の一節です。「Snowdrop 雪のしずく」という名前のとおり、しずくに似た形の小さな白い花。雪解けの頃に咲き始めます。首をちょこんと曲げるようにうつむいて咲く姿が可憐です。和名は「待雪草」。冬景色の中にひっそりと咲いて、春の陽光を感じさせます。新しい春の始まりを迎える人に、スノードロップに託して、祝福のメッセージを贈りたいですね。

衿子は花をテーマにした詩を多く書きました。それは読む人の心の中に咲く花です。「花は」を「私は」と置き換えてもいいでしょう。人は誰でも光を持っています。その光を大切に、大切に、白い花びらで包んでいるから、ほんのり灯が透けて見えます。

詩の始まりは「空からの光りともちがう／だれかがともした灯りともちがう」。自分の内からともる光なのです。灯が消えかかっている友人の心が温かくなるように、スノードロップの鉢植えを贈るのも思いやりが伝わります。春を告げる花ですが、英国では贈り物にふさわしくない花。国によって意味が変わることもあるので、気をつけてくださいね。

▼新しい春を迎える人に、スノードロップの鉢植えを。元気を出してと伝えたいときにも。

タンポポ

あいたくて　あいたくて　あいたくて……。
きょうもわたげをとばします

――『のはらうたⅢ』

工藤直子（一九三五〜）

花言葉

会いたい

PROFILE

詩人、童話作家。台湾生まれ。一九八二年初めての詩集『てつがくのライオン』、童話『ともだちは海のにおい』。一九八四年より出版の『のはらうた』シリーズは日本中の子どもたちに愛されるロングセラー。『花の咲く童話集』『ふわふわ／対談集』など多くの詩集、絵本、エッセイがある。

タンポポの綿毛に思いをのせて

詩集『のはらうたⅢ』にある詩「ねがいごと　たんぽぽはるか」の一節。会いたい気持ちが素直に伝わる言葉です。

まぶしい金色のタンポポは、太陽の恵みをくれる花。野原や道ばたで見つけると、思わず笑顔になりますね。直子はタンポポが大好き。観察していると、おもしろい発見があったと言います。

きれいに咲いていた花がある日フニッと萎れる。次々倒れて、かわいそうと思っていたら、二、三、四日するとすっくと立ち上がった。しかも茎は長く伸び、てっぺんで綿毛をぶわっと広げた。タンポポは「倒れたふりして、しっかり種を作り、さあというときに倍くらい茎を伸ばす。かっこいい」と直子。綿毛を遠くまで飛ばして、子孫を増やす花の知恵です。

静かに黙って、夢の種をじっくり育て、十分育ったら世界へふわっと発信していく。夢を応援したい人にも贈りたいタンポポの言葉。綿毛を楽しむにはドライフラワーに。花が終わり、綿毛になる少し前のものを摘んで吊るしておくと、だんだん開いて綿毛になります。

▼会いたい気持ちがあふれるとき、夢を応援したいとき。綿毛の贈り物を。

タンポポ

花《タンポポ》には散ったあとの悲しみはない
ただ一途に咲いた、喜びだけが残るのだ

——「花」

坂村真民《しんみん》（一九〇九〜二〇〇六）

花言葉

生きる喜び

PROFILE

仏教詩人。熊本県生まれ。愛媛県で高校の国語教師をしながら詩を書く。退職後は、家で毎日午前零時に起床し、祈りと詩作の生活を送った。一遍の生き方に共感し、心がほっとする詩が多い。代表作『念ずれば花ひらく』。没年九十七歳。

タンポポ魂をもって生き、喜びに心を向ける

〝癒しの詩人〟と呼ばれる坂村真民の二行詩「花」。

自分のために、そして、大切な人のために贈りたい言葉です。彼は弱い人や悩みを抱える人に寄り添い、生きる勇気を与える詩を書き続けました。

道ばたに咲く野の花を題材とした詩が多く、とくに愛した花はタンポポです。住居を「タンポポ堂」と名づけて暮らし、ドイツ語訳の詩集の題名は『タンポポ』。代表作「タンポポ魂」では「踏みにじられても　食いちぎられても　死にもしない　かれもしない　その根強さ」をもつ花と書いています。「一寸先は〝光〟」とよく語り、この花に惹かれるのは「タンポポがもつ明るい想念を、わが想念としたいからだ」と話しています。

彼の言うとおり、タンポポの黄色い花びらは太陽の光のように輝いています。悲しみのときも苦しみのときも、タンポポ魂をもって生き、喜びに心を向ける人であろう、と背中を押す言葉。ただ一途に、自分の信じた道を生きる尊さを教えてくれます。

野に咲くタンポポを摘んで、窓辺や食卓に飾ってはいかが。元気を出してと伝えたい友人にはタンポポ色の花。まぶしい黄色の花々を選んでみてください。

▼自分に、大切な人に、笑顔になってというメッセージを。タンポポ色の花束で。

タンポポ

ありきたりな花さ、しかし、わしらにとっては気高いものなんじゃや、タンポポは

――『たんぽぽのお酒』

レイ・ブラッドベリ（一九二〇～二〇一二）

花言葉

かけがえのないもの

PROFILE

アメリカの作家。両親はスウェーデンからの移民。新聞売りをしながら作家を目指す。一九四七、一九四八年オー・ヘンリー賞を受賞。短編の名手としての地位を築く。代表作『火星年代記』『華氏451度』はSFの古典的名作。『太陽の黄金の林檎』『何かが道をやってくる』など。没年九十一歳。

日常が胸高鳴る世界に変わるとき

十二歳の少年ダグラスのひと夏を描いた、ブラッドベリの自伝的幻想小説『たんぽぽのお酒（原題Dandelion Wine）』からの言葉。毎年、夏の初めに花を摘んで〝タンポポのお酒〟を仕込む家族。中心となって働くおじいさんが孫のダグラスに投げかけ、自ら答えた言葉です。平凡で、他人には何でもないものが、自分にとってはかけがえのない気高い存在、それは何だろうか。私たちにも考えさせる問いかけです。

タンポポは古来、「太陽」のシンボル。金色の光を放つような姿から太陽に見立てられました。葉の形がライオンの牙に似ているため、英名は〝ダンデライオンdandelion〟。おじいさんは「庭に咲くライオンの誇り」と呼びました。彼の目を通すと素朴なタンポポが輝き始め、言葉一つ一つが日常を期待に胸高鳴る世界に変えていきます。集めたタンポポを瓶詰めにして熟成をじっと待ち、〝タンポポのお酒〟は「微笑み」、やがて「暗闇にぽつんと浮かぶ日の光」のようにおいしいお酒になるとおじいさんは語ります。

自分の感性を大切にする毎日を送りたいですね。タンポポの花を見るたびに思わず笑顔がこぼれ、心に光が射し込む、ブラッドベリの言葉です。

▼新しい出発のお守りに、誇りをもってと伝えたい人にも、タンポポの花束を。

チューリップ

泣かないで！　なにか歌ってよ。
朝の光にゆらゆら、赤いチューリップ

——『ムーミン谷の夏まつり』

トーベ・ヤンソン（一九一四〜二〇〇一）

花言葉

幸せ

PROFILE

スウェーデン語系フィンランド人の作家。ヘルシンキ生まれ。新聞の風刺画で活躍。そこに登場させた鼻の長い生き物がムーミンの始まり。処女作『小さなトロールと大きな洪水』で一九六六年国際アンデルセン賞受賞。『ムーミン谷の十一月』で完結し、大人向けの小説に転向。没年八十六歳。

友だちを笑顔にする赤いチューリップ

チューリップは春を告げる花。ヨーロッパでは、妖精の赤ちゃんが眠る「幸運のゆりかご」と呼ばれ、チューリップを上手に育てる家は幸福が続くと伝えられています。作者トーベ・ヤンソンが生まれたフィンランドでも、チューリップは「幸せ」のシンボルです。ムーミンが好きな歌の中に赤いチューリップが登場します。

夏至の前夜、スナフキンがハーモニカを吹いていると、ちびのミイが彼のポケットから顔を出して、かん高い声で歌い始めます。陽光の中で揺れるチューリップは「悲しい涙をとめるよ、明るい朝が来るよ！」友だちを元気づけたいときに贈りたいメッセージです。

とくに赤いチューリップは力の強い花。『たのしいムーミン一家』では願いを叶えるルビーのことをトーベは「小さな火花のおしべを持つ黒いチューリップみたい」と書いています。幸せを願うとき、火花のような濃い赤、黒みがかった赤紫色のチューリップを花束にして。花の魔法を試すのも楽しいです。スノークのお嬢さんによると、夏至の夜に黙ったまま九種類の花を摘み、枕の下に入れて寝ると、夢で将来の結婚相手に会えるとか。

▼魔法に因《ちな》み、チューリップとあと八種類の花で花束を作ると絆を結ぶ贈り物に。

チューリップ

わたしは花という鏡に映じている

――「チューリップ星人」

中川幸夫（一九一八～二〇一二）

花言葉

自由な心

PROFILE

華道家。香川県生まれ。三歳で脊椎カリエスを患う。流派に属さず、花の生命と対峙し独自世界を創った。作品は自ら撮影し、表題も書で書いた。作品集『華』『魔の山』など。チューリップを空から降らせた越後妻有でのイベント「天空散華〝花狂〟」の花は有志と一緒に摘んだ。没年九十三歳。

あなたが選ぶ花も自分を映す鏡

花の前衛表現を追求した中川幸夫が作品に寄せた一文です。決まり事の多い華道界から一線を画し、常識を超えた花世界を創り続けた人。とくにチューリップの作品群が有名です。チューリップを花材に使うきっかけは、球根を育てるために、美しく咲いた膨大な数の花が切って捨てられると知ったこと。「この花の命を作品に創りたい」と産地から捨てる花をもらいうけ、作品を創るようになりました。

花と向き合うとき、自分が花という〝鏡〟に映っていると中川は言います。

あなたが選ぶ花も自分を映す鏡ではないでしょうか。今の私は何色のチューリップ？ クレヨンで絵に描いたみたいな一重咲きは無邪気な心、花びらが何枚も重なる八重咲きは複雑な心。自分の気持ちをチューリップに託して飾ったり、贈ったり。芸術家のひと言からヒントをもらうのも楽しい花の選び方です。

八十四歳のとき、大空からチューリップを降らせました。信濃川河川敷で大勢の人が見守る中、二十万本分の花びらを上空のヘリから撒きました。最初は赤、白、黄……花びら約百万枚。これも彼には生け花。抱えきれないほどのチューリップの花束をあなたも贈って。

▼自分と向き合いたいときに花を一輪。アーティストの個展や舞台に花束を。

ツツジ

真っ赤に燃えるツツジの群れ。幼いときに何を見たかで人は決まる

北大路魯山人《ろさんじん》（一八八三〜一九五九）

花言葉

啓示

PROFILE

陶芸家、書家。京都・上賀茂神社の社家に生まれるが里子に出され、貧しく不遇な幼少期を送る。独学で書家となり、究極の美を求めて陶芸、料理など幅広い芸術の分野で才能を発揮した。東京・麹町に開いた高級料亭「星岡茶寮」で顧問兼料理長。晩年米国で陶芸展、国際的名声を得た。没年七十六歳

花との出会いがその後の人生を決める

「三歳のとき、天から啓示を受けた」と、赤いツツジとの出会いについて語った言葉。

ツツジは初夏に咲く花。赤はヤマツツジ、キリシマツツジ。属名「Rhododendron ロドデンドロン」は「赤い花の咲く木」という意味です。季節には枝が見えないほど樹冠いっぱいに花をつけて、辺り一面を真っ赤に染めます。魯山人が見たのも、花の盛りの五月。

義母に手を引かれて山道を歩いていたとき。ヤマツツジが群れをなして咲く、激しい赤を見て、小さな男の子の心に「美しい！」という強烈な感動が湧き上がりました。子ども心にも「私はこのような美しいものをこの世に探すために生まれて来たのだ、生涯、追い求めていきたい」という願いが信念になったと語り、その言葉通りの人生を歩みました。

花との出会いがその後の人生を決めることがある、と知る魯山人の言葉です。

赤いツツジは花の形が炎を思わせることから、「火」の象徴。燃えるような情熱で逆境をはねのけ、前に進む力をくれる花です。魯山人は「幼いときに美しいものを見せたり聞かせたりすれば、どんな環境で育っても、立派な人間になれる」とも度々語りました。

子育てをしている友人へのエールに、赤いツツジの花を贈ってはいかがですか。

▼逆境にいる人に、子育て中の友人に。ツツジは暑さ寒さに強く育てやすい花木です。

ツバキ

花束はきらい。白いツバキが一輪あればいい

ココ・シャネル（一八八三〜一九七一）

花言葉

美意識

PROFILE

フランスのファッション・デザイナー。少女時代を孤児院で過ごす。帽子デザイナーから出発、ジャージー素材のドレスを考案し、服飾界に革命をもたらす。女性の生き方にも影響を与えた。カメリア・コレクションは八重咲きの白椿がモチーフ。小説『椿姫』は愛読書。没年八十七歳。

自分の意志を貫く「白」の強さと魅力

白い椿はシャネルの美意識を象徴する花。純白の花びらが重なり合う美しい椿です。わずかにのぞく花芯の黄色が白い花びらに映り込むと、金色の影となり、高貴な印象です。

この言葉は、つねに自分の意志をはっきりと語ったシャネルの名言の一つです。

椿を特別に愛した理由をシャネルは語っていませんが、彼女の美学から探ることができます。シャネルは白と黒を愛し、「雪は無邪気にすべてを包み隠す」と白の魅力を語りました。赤や青、緑などは俗悪な色、多くの色を使えば使うほど醜くなる、と言っていっさい使いませんでした。椿の花には香りがないため、香水を自由にまとうこともできます。そして、散るときは花ごとぽとりと落ちる潔い姿は美学に反するものと切り捨て、変革を続けた彼女の生き方を象徴するようです。自分を貫く強さをくれるシャネルの言葉です。

我が道を行くと覚悟を決めて白い椿を飾りましょう。自分の感性を信じて進む力が湧いてきます。シャネルの椿を探すときは形に注目して、八重咲き、宝珠咲きなど花びらの重なりが美しい白椿を見つけてください。椿は日本が原産ですが、西洋で華麗な品種が数多く作られています。バターミント、リリーポンズ、ダーロネガなども気品ある白椿です。

▼偉大な夢に挑戦する友人に、個展や舞台の成功を祈って、白い椿の花束を。

二十代は二十代の、八十代は八十代でしか持てない花《ツバキ》を咲かせ得る

——「花をいける心」

安達曈子（一九三六〜二〇〇六）

花言葉

命燃える

PROFILE

華道家。安達式挿花の初代家元、安達潮花の次女。一九七三年、自らの流派「花芸安達流」創設。日本ツバキ協会会長、大学客員教授、ＮＨＫのバラエティ番組「連想ゲーム」の回答者として出演するなど幅広く活躍した。著書『椿しらべ』『花芸３６５日』など。没年六十九歳。

神宿る花木として邪気払いの神事に

椿を愛した華道家、安達瞳子のエッセイの一文です。花の咲いた瞬間は生命が燃え上がるとき。春夏秋冬それぞれに命燃える花の姿があり、人間も同じだと、この言葉に続きます。「凛と挿した一輪には、人の気配すらする」と語り、暮らしの中に椿を活ける作品を数多く創りました。

椿は冬の間もツヤツヤとした葉を保つことから、強い生命力の象徴。神宿る木として、平安の頃から邪気払いの神事に使われました。樹齢千年を超えるものもある長生きの花木です。この言葉は、「いくつになっても、自分をあきらめないでください」という椿からの叱咤激励ともいえます。

瞳子は「念ずれば必ずや、花が開くと、信じています」とも語っています。

現在、椿は二千種類以上あるといわれています。命が燃え上がるような椿を見つけて飾りましょう。赤一色なら野性味あふれる藪椿、暗紅色の黒椿。また、白い花びらに赤い斑が散った椿の花は情熱がほとばしるようで、妖艶な美しさがあります。白露錦《はくろにしき》、正義《まさよし》、抜筆《ぬきふで》など。自分だけの花を咲かせようというメッセージを椿の花に託して。

▼自分のために情熱をかき立てる椿を一輪。大切な人の記念日にその人に似た椿を。

ハイビスカスの花の精霊のような少女に出会ったそのときから

――「蝶になった少女」

水木しげる（一九二二～二〇一五）

花言葉

生きる希望

PROFILE

漫画家。鳥取県生まれ。第二次世界大戦でニューブリテン島（現パプア・ニューギニア）のラバウル戦線で戦う。最前線で一人生き残るが爆撃により左腕を失う。『ゲゲゲの鬼太郎』『悪魔くん』など大ヒット漫画を世に送り出す。原住民の家族とは約三十年後に再会を果たす。没年九十三歳。

甘酸っぱい記憶を蘇らせる南の国の花

ある花を見たとき、遠い昔の記憶が蘇ることがあります。水木しげるは花屋に並ぶハイビスカスの鉢植えを眺めていたときでした。この言葉は、「忘れかけていた昔の甘酸っぱい気持ちが蘇った」と約三十年前の戦場での出来事を書いたエッセイの一文です。

第二次世界大戦中、徴兵された激戦地ラバウルで、最下級兵の水木はひんぱんに殴られ、過酷な毎日。兵舎を抜け出してジャングルの中を歩いていたとき、「南の太陽のかけらがこぼれ散っているみたいなハイビスカスの花の群れ」の中で十五、六歳くらいの少女エトラリリと出会いました。いつ死ぬかもしれない戦場で、赤や黄色の南国の花々は生命力にあふれ、そこで彼女と過ごす時間は楽しい、うれしいという人間の当たり前の感情を取り戻すきっかけになりました。水木は最前線バイエンでたった一人生き残り、戦争が終わると、少女とその家族に再会を約束して日本に帰還しました。エトラリリの住む家は高床式の建物で、『ゲゲゲの鬼太郎』の家のモデルといわれています。

あなたにとってのハイビスカスは何の花ですか。花を見て誰かを思い出し、当時の自分が蘇る。すべての出会いが今の自分をつくっていることを実感する、水木の言葉です。

▼思い出を共有したい人、長く会っていない友人に、ハイビスカスの花で再び絆を。

ハマナス

その匂いは今でも、わたくしの、身体にしみているようです
ふるさとの花、はまなすの花

――『板画《はんが》の道』

棟方志功（一九〇三〜一九七五）

花言葉

ふるさと

PROFILE

板画家。青森市の鍛冶職人の家に生まれる。小学生のときゴッホの「ひまわり」に感銘を受け、「わだばゴッホになる」と独学で画家を志す。木版画と出会い転向。版画を「板画」と称し、釈迦、普賢菩薩などを刻み続ける。花の板画に「柳緑花紅頌」「円窓薔薇妃図」など。一九七〇年文化勲章。没年七十二歳。

忘れられない心に咲く花

誰にでも心に咲く〝ふるさとの花〟があると思います。〝世界のムナカタ〟にとってはハマナスの花でした。この言葉は著書『板画の道』の「青森頌」にある一文です。

ハマナスはバラ科の落葉低木。海岸の砂地などに自生し、初夏から夏にかけてローズ色の美しい花を咲かせます。とても香りが強く、香水の原料にもなるほどです。

子どもの頃に遊んだ合浦《がっぽ》浜、松原沿いの砂丘を牡丹色で埋めてしまうほど、たくさん咲いていました。「ふるさとの持つ愛しい歓喜がわたくしを生かせている」と書き、友だちと「はまなすの実をつまんでは語り、花をつまんでは投げた」と懐かしみ、青森を強く愛しながらも、故郷を題材に作品を多く制作するようになったのは、還暦を迎える頃でした。

花を描くときは「心で花を狩る」と語っています。弓や鉄砲で狩るのではない。「きれいな心の世界で美を射止めること」。花を選ぶときも、人を見つめるときも、心にとめておきたい棟方の言葉です。

ハマナスは飾るだけではない楽しみがある花。赤い果実を砕いてお湯を注ぐと、赤色に染まったお茶になります。家族や友人と家でゆったり過ごすひとときに。

▼ハマナスを贈るときは鉢植えを。同郷の友、学生時代の恩師、懐かしい人との絆に。

パンジー（三色スミレ）

有益な生涯の小道には、いつも三色スミレの花が咲く

――『若草物語』

ルイーザ・メイ・オルコット（一八三二～一八八八）

花言葉

楽しき思い

PROFILE

アメリカの作家。家計を助けるため、教師、お針子、家庭教師などをしながら執筆した。自分の家族をモデルに、明るくユーモアあふれる家庭を描いた『若草物語』で評価を得る。次女ジョーは自身がモデル。『ライラックの下で』、『花物語』など。没年五十五歳。

寒い冬の間も花を咲かせるパンジー

三色スミレはパンジーのこと。黄色は目にまぶしく、紫色や白も美しく輝いて、春を告げる花。小さく可憐な花ですが、寒い冬の間も元気に咲く、強靭な生命力をもっています。ギリシャ神話ではキューピッドが愛した花として、「愛と希望」のシンボルです。

この言葉は、『若草物語』の次女ジョーが母親を励まそうと手紙に書いた詩の一節。オルコットの注釈によると、花言葉は「楽しき思い」。遠く離れた地で父親の看病をする母親に、「これからゆく道には楽しくなる出来事がいっぱいあるわ」と家族の未来に希望を託すメッセージ。三女ベスがパンジーの押し花を添え、愛情たっぷりの手紙にして届けました。

『若草物語』は、オルコットが自分の家族をモデルに描いた物語。ジョーは彼女自身です。家計を支えるため様々な仕事に就き、執筆を続けたオルコットの言葉は切実。パンジーの名前は花のつぼみが下を向く姿から、フランス語の〝pensee（思索）〟パンセが由来。そのことを知っていたかはわかりませんが、「仕事は自らの頭で考えることを学ばせてくれ、健康と自信と希望を与えてくれる」と思索の大切さを語っています。新しい始まりに、挑戦に、有益な道となるようにパンジーを送ってはいかが？

▼励ましのメッセージを花束に込めて。花を長く楽しめる鉢植えも喜ばれると思います。

ヒガンバナ

別れる男に、花の名を一つは教えておきなさい。花は毎年必ず咲きます

――「花」

川端康成（一八九九～一九七二）

花言葉

愛

PROFILE

大正から昭和に活躍した日本を代表する作家。大阪生まれ。日本の美意識や死生観を表現した小説を多く書き、一九六八年日本人初のノーベル文学賞受賞。『雪国』『伊豆の踊子』『千羽鶴』『美しさと哀しみと』など日本女性の美しさを描き、映画化された作品も多い。没年七十二歳。

花弁を赤い糸になぞらえて願をかけて贈る

短編を集めた『化粧の天使達』の中で最も短い、五行の小説「花」の一文。恋に翻弄されている友人に贈りたい言葉です。花の形と名前とが一致する男性は少ないように思いますから。花の季節がくるたびに、相手はあなたを思い出します。恋が終わればささやかな復讐になり、思いのほか恋が成就したら二人で語り合う良縁の花となるでしょう。

小説に登場するのは曼殊沙華《まんじゅしゃげ》。秋に咲く彼岸花のことです。あぜ道や野原を一面、真っ赤な炎で埋め尽くすように咲く、妖艶な花。花弁が蜘蛛の足のように広がることから、英名は"Spider lily スパイダー・リリー"。主人公のように、「あら、曼殊沙華をご存じないの?」と名前を尋ねて困らせて、蜘蛛の巣におびき寄せるにはもってこいの花です。

江戸時代の百科事典『和漢三才図絵』にすでに登場し、「深紅の糸を結び合わせたような花」と紹介されています。赤い糸でつながるように願をかけ、彼岸花を贈りましょう。

川端は登場人物の性格や心象風景を表すのに花をよく使いますので、参考に。『古都』ではスミレを可憐な女性像に。『千羽鶴』では妖艶な未亡人を白牡丹の香りで表現し、青年の恋心を誘います。香りの強い花の名前も、相手の心に残すにはいいと思います。

▼別れる直前より恋がうまくいっているうちに、愛する人に、花の名前を添えて花束を。

ヒナゲシ

君も雛罌粟《こくりこ》われも雛罌粟

与謝野晶子（一八七八～一九四二）

花言葉

燃える思い

PROFILE

明治から昭和にかけての歌人、作家。堺生まれ。与謝野鉄幹への愛と官能を大らかに歌った第一歌集『みだれ髪』が話題を呼ぶ。鉄幹と結婚、たくさんの子どもを育てながら精力的に作品を書いた。一九一二年、夫婦でヨーロッパ各国を巡り詠んだ歌は歌集『夏より秋へ』に多い。没年六十五歳。

再会の喜びに緋《ひ》色のヒナゲシ

「こくりこ」とはヒナゲシ（ポピー）、フランス語“Coquelicot”に漢字をあてたものです。赤やオレンジ色が美しい初夏に咲く花。再会の喜びがこの赤い花に重ねられています。

夫、鉄幹を追いかけて訪れたフランスで詠んだ句。全文は、

「ああ皐月《さつき》、仏蘭西《フランス》の野は火の色す　君も雛罌粟　われも雛罌粟」。

旅日記によると、シベリア鉄道でフランスへと向かう途中は心細い一人旅。パリ到着の少し前、車窓から野生のヒナゲシの燃えるような緋《ひ》の色が見えました。再会後、二人で旅する列車の窓からも、野原やあぜ道を埋めつくす赤いヒナゲシ。じつは鉄幹もパリのホテルで一人は寂しくて晶子を呼び寄せたのでした。お互いに会いたい気持ちは一緒。「ヒナゲシのように心も体も真っ赤に燃えています」と情熱あふれる言葉です。

ヒナゲシは多くの種子を作るため、古来「子孫繁栄」のシンボル。実際、晶子は十三人の子どもを産みますが、この旅行中に授かった子どももいるそうです。旅行記『巴里より』には花の飾り方のヒントも。友人ファミリーとの夕食会ではヒナゲシの花を摘んでお皿に浮かべ、食卓に飾ったそうです。自宅で花を飾るときにアレンジしてみては。

▼会いたい思いを伝えるにはヒナゲシを。夫婦の記念日にディナーに花を飾って。

ヒマワリ

素朴なひまわりは感謝を象徴しています

――妹、ヴィレミーナへの手紙

フィンセント・ファン・ゴッホ（一八五三〜一八九〇）

花言葉

感謝

PROFILE

オランダの画家。生前、売れた絵はたった一枚。アルルで描いた「ひまわり」は現在六枚が世界各地に残る。晩年バラ、アーモンドなど花の絵もよく描いた。弟テオや友人たちとの書簡集は日記文学としても評価が高く、妹ヴィレミーナも手紙のやりとりをした数少ない家族の一人。没年三十七歳。

ゴーギャンとの友情のシンボル

ゴッホがヒマワリを描き始めたのは、南仏アルルに移り住んで初めての夏、三十五歳のときです。ゴーギャンを迎えるため、部屋をヒマワリの絵で飾ろうと考えて描き始めました。ヒマワリはアルルのまぶしい太陽そのもの。何より敬愛するゴーギャンとの友情のシンボルでした。激しい筆致と厚塗りで仕上げた黄色から感じるのは、心を病んだ狂気の痕跡ではなく、生命の輝きです。「花の色、あの黄金を溶かすために情熱をかき立てるんだ」と意欲的に絵を描き続けた彼の生き方は、自分を信じてひたすら進む勇気をくれます。

この名言は一八九〇年二月十九日、妹のヴィレミーナに宛てた手紙の一文。「私の絵はほとんどが悲痛な叫びですが」と前置きして、この言葉を書いています。ゴッホはこの年の七月に亡くなっていますから最晩年の手紙です。どんな状況でも感謝する心を持っていたのですね。いつも自分を応援してくれる人に、ヒマワリの花に添えて贈りませんか。

ヒマワリの花を見ると、心に光が射したように明るい気持ちになってきます。オレンジ色、レモンに似た金色、赤みがかった黄色など色味の違うヒマワリをまとめて花束にして。ゴッホの名前を冠した「ヴィンセント」シリーズを種から育てるのも楽しい時間になります。

▼感謝を伝えたい人に花束を、自分の成長を願ってヒマワリの種まきを。

ヒマワリ

真夏のヒマワリのように活気に満ちて幸せそうな二人ね！

ヴァージニア・ウルフ（一八八二～一九四一）

花言葉

二人の幸福

PROFILE

イギリスの作家、批評家。ロンドン生まれ。二十世紀モダニズム文学を代表する作家の一人。小説『ダロウェイ夫人』『灯台へ』『波』などで人間の内面世界を追求した。神経衰弱のため、一九四一年入水自殺。評論集『私だけの部屋』『ミギニー』など。没年五十九歳。

大好きな仲良しカップルに贈りたい

イギリスの美しい作家ヴァージニア・ウルフが、姉のヴァネッサとその夫クライブについて語ったものです。「純粋な喜びと楽しみを人生に振りまいている！」と続くこの言葉には、青空の下で咲くヒマワリが心に浮かび、明るく元気で、楽しくて、どんなに素敵な二人かが想像できます。「いつまでも仲良しでいてね」という思いを込めて、大好きなカップルに贈りたい言葉です。

ヴァージニアは一人で創作をする時間を大切にした作家です。一方、画家のヴァネッサは活動的で、夫婦と三人の子ども、友人たちとにぎやかに暮らし、アトリエでは夫と一緒に絵を描きました。ヴァージニアにとって二人は暖かな陽光のように映ったのでしょう。

ヒマワリは笑顔を呼ぶ花。英名〝sunflower〟というとおり、古代から「太陽」の象徴です。まぶしい黄色、放射状に広がる花びらは光線のようです。昔、ヒマワリは太陽を向いて咲くと信じられ、日本では「日廻り」「日輪草」など名づけられました。どんな状況のときも光のほうへ、心がパッと明るくなるほうへ進むことを教えてくれる花。友人夫婦やカップルの家を訪問するとき、手土産にプラスして、ヒマワリの花束を贈るのも素敵です。

▼結婚式のお祝いメッセージに、長年連れ添ったご夫婦の記念日に。

ヒヤシンス

二つのパンをもっていたら、一つは貧しい人に差し出しなさい。もう一つは売って、ヒヤシンスの花を買いなさい。あなたの心を愛で満たすために

マザー・テレサ（一九一〇～一九九七）

花言葉

思いやり

PROFILE

カトリック修道女。旧ユーゴスラビア（現、北マケドニア共和国）生まれ。一九五〇年「神の愛の宣教者会」を設立。貧しい人や孤児、死を待つ人のための施設を世界各地に作って救済した。一九七九年ノーベル平和賞受賞。幼い頃、兄姉からは「小さな花（ゴンジャ）」と呼ばれていた。没年八十七歳。

自分を喜ばせることの大切さを知って

ヒヤシンスは、甘い香りの春を告げる花。聖母マリアに捧げられる花の一つです。

この言葉は、マザー・テレサが一九六三年に設立した「男子神の愛の宣教者会」の談話室にかけられていた額の言葉でヒンドゥー教の諺《ことわざ》です。彼女自身の言葉ではありませんが、「貧しい人の中でもいちばん貧しい人たちのために一生を捧げる」と決意し、カルカッタの貧民街で、一人で救援活動を始めたマザー・テレサの愛の精神を象徴しています。

困っている人に手を差し伸べようと提案する言葉ですが、後半のメッセージもすばらしい。〝ヒヤシンスの花を買う〟ことは、ささやかだけれど、自分を喜ばせること。部屋に花を一輪飾るだけで、優しい香りであふれ、心の中に幸福感が広がります。

まずは自分を大事にすることから、苦しみ悩む人への愛と思いやりの精神が生まれることを伝えているように思います。

マザー・テレサは「家庭を愛で満たしなさい」と語っています。冬、家族に一つずつ球根をプレゼントしてはいかがですか。暖かくなり、ヒヤシンスの芽が伸びるのを見るたびに、春が近づく幸せを分かち合うことができるでしょう。

▼愛する家族のために、何より自分のために、ヒヤシンスを贈り物に。

フキノトウ

蕗ノトウ　ホホエム　雪ニモメゲデ

——「心偈《こころうた》」

柳宗悦（一八八九〜一九六一）

花言葉

逆境からの再生

PROFILE

美術評論家、宗教哲学者。東京生まれ。雑誌『白樺』創刊に参加。西洋、朝鮮、日本の美術と宗教を研究。生活に根ざした工芸に美を発見し、それまで注目されなかった民衆の芸術、「民芸」という語を作った。日本民芸館（東京都目黒区）を設立。棟方志功を発見したことでも知られる。没年七十二歳。

冬を乗り越え、春に微笑《ほほえ》む花

フキノトウは、まだ寒い時期に芽吹くことから吉祥花の代表。雪の下から淡い萌黄《もえぎ》色の新芽を出し、春を告げます。

柳宗悦が晩年、心の遍歴の覚え書きとして作った短い歌「心偈《こころうた》」の一つ。友人一家が思いがけないトラブルに見舞われたとき、励まそうと贈ったものです。

柳は「やさしく咲き出づる蕗の薹《そう》」にあやかりたいと解説に書いています。なぜなら、「人生は時として、深い雪の下に埋れる時があるからである。だが、蕗の薹は吾々を励ましてくれる。心が打沈んでは、この花にすまぬ」。冬を乗り越え、春に微笑むフキノトウの言葉を読むと、必ず再出発できると自分を信じる気持ちが生まれてきます。今が正念場のとき、ピンチをチャンスに変えるべきとき、フキノトウを味方にしましょう。

フキノトウの〝芽吹き〟を「富貴」と掛けて、逆境からの発展をもたらす花。鉢植えやプランターで育てると、早春に次々と芽吹いてうれしく、食べる楽しみもあります。季節を過ぎてこの花を贈りたいときには、フキノトウがデザインされたハンカチや手ぬぐいなど身につける贈り物もおすすめです。

▼逆境のとき、挑戦するときの力に。再スタートを切る人に、フキノトウの花が勇気に。

ブルーベル

妖精の丘ではブルーベルがちりんちりんと揺れながら、
笑いさざめくの

――『妖精のキャラバン』

ビアトリクス・ポター（一八六六〜一九四三）

花言葉

感謝

PROFILE

イギリスの絵本作家。『ピーター・ラビット』は友人の四歳の息子ノエルに送った絵手紙を自費出版したことが始まり。シリーズは全二十三冊。絵本には自ら育てた花々、畑や小道や森など実際の風景を取り入れた。晩年は自然環境保護に力を注いだ。没年七十七歳。

花を見る目が変わるベルに似た花

ブルーベルは青空のような透きとおったブルー、花びらの先がくるんと丸まって、ベルに似た釣鐘型のかわいい花。ビアトリクスが暮らしたイギリス湖水地方は初夏になると、ブルーベルが森いっぱいに広がります。その感動を童話『妖精のキャラバン』で描いた一文。

ブルーベルはビアトリクスが大好きな花の一つ。友人への手紙には「まるで空の一部が地に降りてきたみたい！」と伝えています。風に揺れると、ビアトリクスの耳には妖精が鳴らすベルの音に聞こえます。花を見て受けとめた感動をこんなふうに感じられる感性、すばらしいと思いませんか。花を楽しむ喜びを教えてくれる言葉です。

「ブルーベルの咲く五月は湖水地方を旅するのにいちばんいい季節よ」と友人や旅行者を誘い、作品にもたびたび登場させました。花を育て、絵本に描き、部屋に飾って友人を迎える。毎日を大切に生きたベアトリクスの絵本は、百年たった今なお愛されています。

あなたもブルーベルを飾って、家の中に〝妖精の丘〟を演出しませんか。

日本での開花は四～五月。球根植物で比較的簡単なので鉢植えで育てるのも楽しいです。

▼ビアトリクスの絵本を添えて大切な人に。初夏、友人宅を訪問するときの手土産に。

ブルーポピー

ブルーポピー、この花の毅然《きぜん》とした生き方。
よりかからず、媚《こ》びず、たった一人で己を律する

堀文子（一九一八〜二〇一九）

花言葉

孤高

PROFILE

日本画家。東京生まれ。四十二歳で夫と死別後、約三年間世界を旅して歩く。六十代から五年間イタリアのアレッツォにアトリエを構える。七十七歳でブラジルのアマゾン川流域、八十歳でマヤ遺跡、インカ遺跡へスケッチ旅行。八十代半ばから微生物をモチーフに制作を続けた。没年百歳。

挑戦することをあきらめない

ブルーポピーは青いケシ。ヒマラヤ高地に夏の短い間だけ咲く幻の花。花びらが薄く、光があたると透きとおるような空色に光って、神秘的な美しさを放ちます。

このブルーポピーに会いたくて、八十二歳のとき、文子は標高五千メートルのヒマラヤ山脈を目指しました。ボンベで酸素吸入したり、岩場で足を踏み外しそうになりながら探し歩き、これ以上は登れないと思ったとき。岩陰で二十センチほどの可憐な花が静かに揺れているのを見つけます。その場でスケッチして描きあげた絵が代表作『幻の花　ブルーポピー』。二作目を頼まれますが「あれは命がけのものです」と二度と描きませんでした。

ブルーポピーは自分をあきらめない人のシンボルです。文子は「息の絶えるまで感動していたい」と世界中へ旅を続け、絵を描き、百歳まで生きました。しかも、いつも一人旅。

心の中に秘めた夢があるなら、たった一人でも挑戦しようと背中を押す言葉です。

園芸店では「メコノプシス」の名前で苗や種が売られています。難度が高いですが、栽培に挑戦してみてはいかが。日本国内にも群生地がいくつかあります。決意を胸に、ブルーポピーと出会う旅に出るのもいいですね。

▼凛として生きる友人に。あきらめないと決意を込めて、自分のために。

ホオノキ

一本の朴《ほお》ノ木にぼくはなりたい
はにかみがちに　白い花を咲かせて
風の中でゆれていたい

やなせたかし（一九一九〜二〇一三）

花言葉

正義

PROFILE

漫画家、絵本作家。高知県生まれ。五十歳で『アンパンマン』を発表した遅咲きの苦労人。登場キャラクター数（1768体）はギネス世界記録認定。「人生は喜ばせごっこ」と語り、子どもたちを夢中にする作品を描き続けた。作詞を手がけた「手のひらを太陽に」など作品多数。没年九十四歳。

自分は傷ついても、相手を助ける花

『アンパンマン』の作者、やなせたかしは高知県香美市の「朴《ほお》の木」という町に生まれました。この言葉は、彼が眠る朴ノ木公園の詩碑に自筆で書かれたものです。園内には二本のホオの木が植えられています。モクレン科の落葉高木で、鎮痛、健胃などの薬になる木。五月頃、直径約十五〜二十センチの大きな白い花を咲かせ、とても強い香りを放ちます。

ホオは〝自分は傷ついても、相手を助ける花〟として、絵本『ガンバリルおじさん』シリーズに登場させています。山から転げ落ちて気を失ったガンバリルおじさんがホオノキの精霊ホオちゃんに助けられます。彼女は薬になる葉を自分の体から全部落として、ふかふかの葉の寝床を作り、おじさんを看病しました。自分を犠牲にして人を助けるホオちゃんの姿は、困っている人に自分の顔を食べさせるアンパンマンにも通じます。

「正義を行う人は自分が傷つくことを覚悟しなくちゃいけない」とやなせは語っています。

アンパンマンのような勇気ある人、敬愛する人に贈りたい言葉です。花束として贈るのは難しいですが、苗木の鉢植えや、ホオの木製のまな板、下駄なども楽しい贈り物です。

▼自分を支えてくれる人に敬意を込めて、仲間を大切にする人に。退職の挨拶に。

ボタン

ちりて後おもかげにたつぼたん哉《かな》

与謝蕪村（一七一六～一七八四）

花言葉

面影

PROFILE

江戸時代中期の俳人、画家。摂津国（現大阪市）生まれ。江戸で俳諧を学び、師の夜半亭宋阿《やはんていそうあ》が亡くなると約十年の諸国放浪。四十代初めに京都に定住。絵画の腕も優れ、池大雅《いけのたいが》との合作『十便十宜図』など、日本南画の大成者。著書『新花摘』『夜半楽』『玉藻集』など。没年六十八歳。

離れていても大切な誰かの姿を感じる花

蕪村が六十一歳のときの句。当時、庭に牡丹があったと伝わります。初夏、花が散ったあとも、大輪の花の姿が思い起こされる、牡丹二十七句のうちの一句です。咲いていたときの時間を愛おしく感じる句ですが、誰か、大切な人のことも心に浮かんでくるような風情がありますね。「さよなら」と手をふった後、姿が見えなくなっても一緒に過ごした余韻が残る。今はもう、そばにいないその人の気配を感じて、ちょっとせつなく、どこかあたたかな気持ちになる一句です。

「離れていても、あなたの面影がいつも心の中にあります」と伝えたい人に、牡丹の花を届けましょう。

牡丹は古来、富と繁栄をもたらす花。花びらが何層にも重なり、優雅な姿から「富貴花」「百花王」と呼ばれ、吉祥花の王様です。他の花との組み合わせでおめでたい意味が加わりますので、花を贈るときのヒントに。例えば、水仙と合わせると「神仙富貴」と崇拝の念が高まり、菊とで「富貴国香」、松とで「富貴長年」つまり不老長寿。アイビーなど蔓性植物と合わせて「福寿永遠」など。牡丹をメインにさりげなく添えてみてください。

▼故郷で暮らす家族や恩師に、恋人や友人に、牡丹の花が絆を結びます。

ミモザ

満開のミモザの甘い香りに誘われて、私はついに恐怖を克服したのです

ヘレン・ケラー（一八八〇〜一九六八）

花言葉

不屈の精神

PROFILE

アメリカの社会福祉事業家、著述家。熱病のため、一歳七か月で目、耳、口の機能を失う。七歳から家庭教師サリバンの献身的指導と本人の不屈の精神で障害を乗り越え、一九〇四年ハーバード大学ラドクリフ・カレッジを卒業。障害をもつ人々の援護、教育事業に大きな貢献をした。没年八十七歳。

甘い香りとふわふわの花に人生の扉が開いた

ヘレン・ケラーがサリバン先生の導きによって、障害を乗り越える一歩を踏み出した少女の頃のことを後年、自伝に書いた一文です。

ミモザはふわふわの黄色い玉が房状に集まって咲く、とても美しい花木。ヘレンは目が見えないからといって、花の美しさがわからないわけではないと語り、「ミモザの花は地上のものとは思えない。まるで天国の木が地上に移植されたみたい」と書いています。

家の庭に大きなミモザの木があり、お気に入りの枝に座って過ごしたそうです。そこが特別な場所になる前、木に登ることはとても怖いことでした。ある朝、甘い香りに誘われて手探りで歩いていくとふわふわした小枝がヘレンに触れました。花の美しさに感動したヘレンは意を決して、木を登り始めます。上へ上へ、花をかき分けて登り続け、座るのにちょうどいい枝を見つけて腰かけました。それ以来、ミモザは一人で幸せな時間を過ごす大切な存在になったのです。恐怖でいっぱいでもあきらめない、挑戦することを選択したヘレン。勇気をもって進めばどんな困難も克服できると教えてくれるミモザです。鉢植えで育てられますので、家族を見守るシンボルツリーとして育ててはいかがでしょうか。

▼試練に立ち向かう人のお守りとして、ミモザの花束やリースの贈り物を。

ミモザ

この花《ミモザ》に永遠を封じこめたい

――「花より花らしく」

三岸節子（一九〇五～一九九九）

花言葉

創造

PROFILE

洋画家。愛知県生まれ。女子美術学校（現女子美術大学）を卒業後、画家の三岸好太郎と結婚。三十歳で死別後、三人の子どもを育てながら花の絵を描き続けた。南仏カーニュに移住し、風景画の傑作を生み出した。没年九十四歳。

花に自分の命を移し「私の分身」とする

生涯、花を描いた画家、三岸節子のエッセイの一文です。節子の絵は花の形より強烈な色が目に飛びこんできます。あるときは黄色に執着し、燃える赤に熱狂し、本能の赴《おもむ》くまま何十枚でも同じ色を塗りました。塗り重ねるごとに花に自分の命を移していく。到達したいのは「私の分身の花」と、この言葉に続きます。新しい何かを生み出そうとするアーティスト、自分だけの花を咲かせようと懸命に生きるすべての人に贈りたい節子の言葉。

〃永遠を封じこめた〃花の一つがミモザです。マメ科の常緑高木で、まぶしい太陽のような黄金色。丸いポンポンに似た小さな花々はまるで光が降ってくるようです。

六十歳を過ぎて、南フランスに移り住み、初めて見たときあまりの美しさに驚いた節子。約二十年の間に『ミモザ咲く山』『カーニュにミモザ咲く頃』などを描きました。単に『花』と題された作品が多い中で具体的な花の名前がわかる絵です。

春、フランスでは各地でミモザ祭りが開かれ、イタリアでは三月八日は「ミモザの日」。国際女性デーのこの日は、男性が女性に感謝を込めてミモザを贈る日。男女問わず、毎年、春の習慣にしてはいかが。オリーブを一緒に編んだリースを飾ると、幸運が巡る環《わ》に。

▼大切な人に感謝を込めて、アーティストの友人へのエールに、ミモザの花束を。

モモ

桃は紅《くれない》、李《すもも》は白、バラは紫

篠田桃紅（一九一三―二〇二一）

花言葉

人それぞれ

PROFILE

美術家。中国・大連生まれ。文字の形にとらわれず、墨の色や線で抽象表現をする独自の芸術を確立。四十二歳で単身渡米。ニューヨークを拠点に欧米で個展を開き、国際的評価を得る。襖絵《ふすまえ》、装丁、題字など多岐に活躍。著書『墨いろ』『きのうのゆくへ』など文章も美しい。没年一〇七歳。

心の炎を燃やす紅色の桃の花

篠田桃紅が雅号の由来を綴《つづ》ったエッセイの一文。書を始めた五歳のとき、中国の古い詩「桃紅李白薔薇紫」から父親が名づけたと書いています。「春の風はひと色に吹くのに、花はそれぞれの色で咲く」と語る詩。人間も同じだと桃紅は言います。

花の色は自分の個性。いいところもいやなところも受け止めて、人それぞれの花を咲かせましょう。この桃の花の言葉は、書の常識を打ち破り、独自の水墨抽象を描き続けた桃紅の生き方を表すようです。自分に迷うとき、悩むとき、背中を押してくれます。

花屋さんに並ぶのはバラ科のハナモモ。濃いピンク色が美しく、華やかです。桃紅は北九州を旅したとき、ハナモモよりもずっと濃い、本当に〝紅〟の色をした緋桃《ひもも》を見た感動も書いています。「この燃える紅の花のように、私の水墨を深めていかなければ」と。

自分だけの世界を花咲かせようと、心の炎を燃やし続ける人に贈りたい言葉です。

桃は古来、邪気を祓う力をもつ仙木。春に先駆けて咲く〝陽〟の花であり、不老長寿のシンボルです。玄関に飾れば魔除けに、贈り物にすれば健康や成長を願うお守りに。桃の小枝に、菜の花やチューリップを一緒にまとめて、春の風景を感じる花束にして。

▼あなたの花を咲かせてと応援したい人に桃の花を。夢の根を張る願いに鉢植えを。

ヤグルマギク

誇らかに出たもう、オシリスに捧げた花輪《ヤグルマギク》

――『ツタンカーメン発掘記』

ハワード・カーター（一八七三～一九三九）

花言葉

永遠の愛

PROFILE

エジプト考古学者。イギリス人。十七歳のとき遺跡発見現場の助手としてエジプトに渡る。イギリス貴族などから資金援助を受け、王家の谷の発掘調査に着手。援助契約の切れる一九二二年ツタンカーメン王墓を発見。晩年は穏やかな研究生活を送った。没年六十四歳。

愛の絆を結ぶ神秘の青い花

一九二二年、ツタンカーメン王の墓が発見されました。この言葉は発掘を行った考古学者ハワード・カーターが書いた日記の一文です。黄金の棺《ひつぎ》を開けたとき、彼は胸元に花飾りがあるのを見つけます。矢車菊の花、青睡蓮、オリーブ、柳の葉……。リンネルに覆われた額の上にも同じ花々で作られた小さな花輪。矢車菊は青や紫の繊細な花びらをもつ美しい花です。驚くことに、この矢車菊はかすかに青色をとどめていました。

オシリスは古代エジプトの死と再生の神、春に復活する植物を神格化した存在です。わずか十八歳でこの世を去ったファラオの霊魂の再生を願い、捧げられた花輪が現代に〝誇らかに出たまう〟瞬間に立ち会った感動が伝わってきます。贈り主について彼は、「少女の王妃から夫に捧げた最後の贈り物」だと書いています。実際、ファラオと二歳年上の王妃アンケセナーメンは夫婦仲がよく、仲睦まじい様子を描いた絵が残っています。約三三〇〇年の時を超えて、青い矢車菊は「永遠の愛」の象徴となったのです。

日本では四月から六月にかけて花が咲きます。矢車菊を贈ることは愛情と信頼とを伝えること。青い矢車菊にピンクがかった紫色を加えると優しい花束になります。

▼愛する伴侶に、絆を結びたい人に。舞台や個展の成功、開店のお祝いに。

ユリ

その香りゆえに、善き道へ人を導いたユリがここに咲いています

――『神曲』天国篇

ダンテ（一二六五～一三二一）詩人

花言葉

純粋

PROFILE

イタリアの詩人。フィレンツェの貴族の家に生まれ、政治家として活躍するが、政変によって追放される。放浪生活の中で執筆を続け、三十代半ばから長編叙事詩『神曲』を書き始め、死去する前年に完成させた。叙情詩『新生』、論文『饗宴』『帝政論』など。没年五十六歳。

美しい庭に目を向けようとしないのはなぜ？

イタリア最大の詩人、ダンテが書いた『神曲』の一節です。ダンテ自身が主人公となり、地獄、煉獄《れんごく》、天国を巡る旅を描いた長編叙事詩。この言葉は「天国篇」で、女神ベアトリーチェがダンテに語りかける場面に登場します。

「キリストの光の下で花咲く美しい庭に目を向けようとしないのはなぜ？　神の言葉が形となったユリやバラが咲いているのですよ」とこの言葉に続きます。ダンテが神の愛の深さを知り、魂の浄化を遂げていく荘厳なクライマックスです。

ユリは古代から「純粋」のシンボル。純白の花びらは清らかで美しく、キリスト教では「マリアの純潔」を象徴しています。香りが強く、遠くからでも漂ってくるほどです。ユリは人生を迷わないように導く、香りの道しるべ。何が起ころうと、地獄の亡者のように彷徨《さまよ》うことなく、「善」の道を進むようにと願う、ユリの言葉です。

ダンテを天国へと導くベアトリーチェは早逝した初恋の女性といわれています。詩作の源泉であり、「愛」の寓意として描かれる女神（ミューズ）になりました。彼女への崇拝の念のように、ユリの花は「あなたはすばらしい」と賞賛する思いも伝えられると思います。

▼門出のお祝いに、大切な人の誕生日や記念日に、尊敬する人への感謝の花束に。

ユリ

花《ユリ》は黙っています。
それだのに花はなぜあんなに綺麗なのでしょう?

牧野富太郎(一八六二〜一九五七)

花言葉

清らかな魂

PROFILE

植物学者。高知県生まれ。少年時代から独学で植物学の知識を身につける。日本各地の植物を採集して歩き、多数の新種を発見、命名。学名をつけた植物千五百種以上。七十八歳で全国の植物を網羅する『牧野日本植物図鑑』を刊行。没年九十四歳。

声高に自分をアピールしなくても

日本の植物分類学の父、牧野富太郎が八十二歳のときに書いたエッセイの一文です。このあとに続いて、「なぜあんなに快く匂っているのでしょう?」と香り豊かな花の代表、ユリへの思いを語ります。「じっと抱きしめてやりたいような思いにかられても、百合の花は黙っています。そしてちっとも変わらぬ清楚な姿でただじっと匂っているのです」。

ユリの花は「純粋」のシンボルです。土の中からすっと立ち、白い花を咲かせる姿は穢《けが》れに染まらない〝清らかな魂〟そのもの。花がお辞儀をするように下を向いて咲く〝謙虚〟な姿も美しい。富太郎の言葉は声高に自分をアピールしなくても信頼され、一目置かれる人を思わせます。あなたのまわりにもいるのでは? 寡黙なのに、凛とした輝きを放つユリのような人。誕生日や記念日、お祝いに、敬愛の気持ちを込めて、ユリの花を。

カサブランカは香り高く、豪華な花束になりますが、日本に自生する原種のヤマユリやササユリも素敵です。これらの歴史は長く、『古事記』に縁結びの花として登場しています。あえて意味を語らずとも、花を贈ることで、ご縁を結ぶ力を贈ることになります。

▼尊敬する人に、心の美しい友人に、愛する家族に、ユリの花束を。

ヒメユリ

ひばり立つ　荒野《あらの》に生《お》うる姫ゆりの
何につくとも　なき心かな

――『山家集』八六六

西行（一一一八〜一一九〇）

花言葉

無心

PROFILE

平安時代末期から鎌倉初期の歌人、僧。もとは佐藤義清という武士で鳥羽院に仕えたが、二十三歳で出家。諸国を旅しながら歌を詠んだ。桜と月を愛し、辞世の句「願はくは花の下にて春死なんその如月の望月のころ」が有名。歌集『山家集』『聞書集《ききがきしゅう》』など。没年七十三歳。

何物に頼りすがることもなく

姫ユリは日本の野山に自生する花。初夏から夏にかけて、赤みがかったオレンジ色や黄色の花を咲かせます。ユリの仲間としては小ぶりで、上を向いて咲く、かわいい野の花です。花の形が星のように見えるため、英名は〝Star Lily スターリリー〟。

西行の歌集『山家集』から、荒野に咲く姫ユリのことを詠んだ歌。「何につくともなき心かな」は「何物に頼りすがることもなく、無心に咲くことよ」。こんな風景が心に浮かびます。草むらからひばりが飛び立って草々が揺れ、姫ユリも激しく揺れます。何の支えもない野のユリですが、揺れがおさまればまたすっくと立って、上を向いて咲いています。

「荒野」は厳しい人生のたとえです。私たちの日常も心揺れることが次々と起きますが、毅然として立つ自分でいたい。何事にも執着することなく、ただ無心に花を咲かせよう。

安定した武士の身分を捨てて僧となり、旅をしながら歌に生きた孤高の歌人。誰に頼ることもなく、わが道を歩んだ西行の姿は姫ユリと重なります。

夏が近づくと花屋の店頭に並び始めます。うつむきがちな毎日が続いたら、姫ユリを飾りましょう。上を向いて咲く花の姿は気持ちを明るく、前向きにしてくれます。

▼励ましの花束に、再起をかけた人のエールに、わが道をゆく友人のアーティストに。

ラベンダー

わたしの好きなあなたの昔語り
ラベンダーのただよう香りが和らげる物語

――「祖母に」

ジュール・シュペルヴィエル（一八八四～一九六〇）

花言葉

やすらぎ

PROFILE

フランスの詩人。ウルグアイで富裕な移民の子として生まれるが生後八か月で両親を失う。叔父に育てられ、大学卒業後、南米とパリとを行き来しながら、詩や小説を発表。南米の雄大な自然と宇宙、祖国愛をテーマに幻想的な詩世界を創り出した。詩集『帆船のように』など。没年七十六歳。

暮らしの中で幸せをくれる優しい香り

「祖母に」と題された詩の一節。おばあちゃんが語ってくれる物語をシュペルヴィエルはラベンダーの香りにたとえています。美しい紫色の花、さわやかな香りは心を癒します。家で育てた花をラベンダー・ティーにしたり、寝室に飾って心地いい眠りを誘うなど、日常の中で幸せをくれる優しい香り。祖母が暮らす家もラベンダーのいい香りが漂っていたのでしょう。

彼が祖母と一緒に暮らしていたのかどうかは不明ですが、二人は強い絆で結ばれていたと思います。詩の中で祖母のことをこんなふうに語っています。

「多くの年月が過ぎ去った今もなお　愛らしく　無邪気で（中略）その微笑みは　あなたの魂が姿を映す明るい小川　喜びの川のようだ」

目の前に座る祖母への愛情が伝わってきます。詩人の視線には、一人の女性が生きてきた長い歳月を思う、敬愛の念も込められています。ラベンダーの花束を祖父母に贈ってはいかがでしょうか。時間がたっても美しい色を保つ花の一つです。花束を逆さにして吊るすと可愛いドライフラワーになり、花を見るたびにお互いを思う絆が生まれます。

▼祖父母に愛情を込めて。思い出をわかち合いたい人にも。初夏には鉢植えを。

ラン

花《ラン》は舞台にひとり在《あ》る。
理性と意志とを授けられた、
このうえなく美しい王女のごとくに

モーリス・メーテルリンク（一八六二～一九四九）

花言葉

意志ある成功

PROFILE

ベルギーの劇作家、詩人、思想家。故郷ガン（現ヘント市）で弁護士となるが文学の道を選び、フランスで詩や劇作を次々と発表。自然観察から生まれた作品に『花の知恵』、昆虫三部作『蜜蜂の生活』『白蟻の生活』『蟻の生活』など。一九一一年ノーベル文学賞受賞。没年八十六歳。

蘭の花には知性が宿る

童話『青い鳥』の作者、メーテルリンクは「花には知性がある」と考えていました。この言葉はそれを証明するために書かれた科学エッセイ『花の知恵』の一文です。「花の知性」が最も完成度の高い形で現れているのは蘭だといいます。人間と同じように蘭の花は確固たる意志をもって行動し、過酷な世界を生き抜いている、と。

花は生存競争という舞台に一人、凛と立つ。「王女のごとく」という表現は、美しくもたくましい、花の生き方への賞賛。花を贈る相手を讃えるメッセージにもなるでしょう。

チルチル・ミチルの『青い鳥』では「幸福はすぐ近くにある」ことを伝えました。メーテルリンクは誰よりもそのことをよく知る人でした。当時すでに劇作家として名声を得ていましたが、世間の目を避け、自宅の庭で草花や虫たちを観察し、執筆することを愛しました。一九一一年、ノーベル文学賞を受賞しています。

贈答花に多い胡蝶蘭は、花が終わったあとも手入れしだいで繰り返し咲かせることができます。育て方のプチ・アドバイスを添えると親切ですね。種類が多いので、シンビジューム、カトレアなど相手のイメージに合う蘭を選ぶのも楽しい時間になります。

▼舞台に立つ人に、これから成功への階段を昇ろうする人に、蘭の花束を。

ラン

蘭にまじわればかおりがうつる

――「蘭におもう」

陳舜臣（一九二四～二〇一五）

花言葉

信頼する友

PROFILE

作家。兵庫県生まれ。『阿片戦争』『秘本三国志』など五千年にわたる中国興亡の歴史を独自の視点で描き出した。一九九〇年日本国籍を取得。一九六九年『青玉獅子香炉』で直木賞、一九九一年『諸葛孔明』で吉川英治文学賞。二〇一五年、神戸市に陳舜臣アジア文藝館が開館。没年九十歳。

香りこそ花の心

中国を舞台にした歴史小説で知られる作家、陳舜臣のエッセイの一文です。花の美しさを語るとき、日本では花の色や姿、佇《たたず》まいに心惹かれますが、中国では香りが何より尊ばれます。「香りこそ花の心であって、香りのないのは心のない花である」と書いています。

中国で薫り高い花として尊ばれたのが蘭です。その香りがよい影響を及ぼし合う交友関係にたとえられます。「蘭兄」は親友のこと。「金蘭の友」は〝友情が固いことは金に勝り、友情の美しいことは蘭の香りに勝る〟という理想の親友を表現する言葉です。朱にまじわれば赤くなるというように、「蘭にまじわれば香りがうつる」と陳舜臣は語ります。子どもの頃、蘭好きの祖父が集めた鉢が数多くあり、家の中には蘭の香りが漂っていました。

贈答用の胡蝶蘭はほとんど香りを感じませんが、蘭の種類によっては強い香りがします。芳香性の蘭を選んで、よい香りで満たしましょう。カトレアの仲間、シンビジュームの原種に近い品種、オンシジュームの「シャーリーベイビー」、小さな花をつける名護蘭（なごらん）など。好みの香りを探してみてください。チームで成しとげた仕事の完成祝いに、香り豊かな蘭の鉢を贈るのも記念になります。

▼信頼する友人に、仕事仲間に、絆の約束として贈っては。

リンゴ

明日世界が滅亡しようとも、今日、私はリンゴの木を植える

マルティン・ルター（一四八三〜一五四六）

花言葉

希望

PROFILE

ドイツの宗教改革者。聖書をドイツ語に訳して日常語で読めるようにしたり、讃美歌を優しい言葉で作詞、作曲し、礼拝で皆で歌えるようにした。教会破門、神聖ローマ帝国から追放刑を受けた後も改革を続けた。著作『九五か条の意見書』など。没年六十二歳。

リンゴを植えることは、命を植えること

　リンゴの花を思い浮かべてほしい言葉です。バラ科のリンゴは、花の形もバラに似ていま す。五枚の花びら、淡いピンク色、ほんのり甘い香り。この名言を読むと、思わず赤いリン ゴが心に浮かびますが、四季ごとの姿を想像してみてください。春、むき出しの枝から芽を 出し青々と葉を茂らせ、初夏になると樹冠いっぱいに花を咲かせます。そして、秋に真っ赤 なリンゴが実ります。リンゴを植えることは、命を植えることです。この言葉は、たとえ今日 が最後の日だとしても、生きる喜びを感じる自分であろうという「希望」のメッセージです。

　この名言は、ルター本人のものではないという説もありますが、彼の信仰の精神をよく 表すため、ルターの言葉と伝えられるようになりました。ルターは一般の人々誰もが理解 できるようにという信念で宗教改革を行った人です。難解な聖書を日常使う言語に翻訳し、 わかりやすくしたことが大きな功績です。異端者として追放されても信念を曲げず、改革 を続けました。ルターのように自分を信じて貫く勇気が湧く言葉です。

　明日には希望があると信じて、リンゴの木を植えましょう。育てやすいのは姫リンゴの 鉢植えです。春に花がたくさん咲いたら、秋には小さなリンゴがたわわに実ります。
▼試練のときに、今が勝負の人に。花束にミニリンゴを加えると「実り」の意味に。

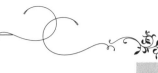

ローズマリー

ローズマリーの小枝をさした帽子は、魔法の力を与えてくれる

――『偉大なワンドゥードルさいごの一ぴき』

ジュリー・アンドリュース（一九三五〜）

花言葉

想像力

PROFILE

イギリスの女優、歌手、作家。ディズニーに注目され、長編映画『メリー・ポピンズ』の主役に抜擢、一九六四年アカデミー主演女優賞受賞。翌年『サウンド・オブ・ミュージック』で二度目のアカデミー賞ノミネート。夫ブレイク・エドワーズとの縁を取り持ったのはスミレの花。著書に自伝"Home Work"など。

香りが記憶力を高め、心を元気にする花

淡い紫や青の小さな花を咲かせるローズマリー。イギリスでは〝魔法の花〟と信じられました。すがすがしい香りが記憶力を高めたり、心を元気にするからです。

美しい歌声で世界中の人々を魅了したJ・アンドリュース。ローズマリーは、彼女が書いた童話『偉大なワンドゥードルさいごの一ぴき』で重要な役割をする花の一つです。〝ワンドゥードル〟は足の先にふわふわのスリッパを生やした不思議な動物。三人の子どもたちが遺伝学者サバント教授に導かれて、この動物を探しに冒険の旅に出ます。動物が住む国へは想像力を働かせないと行けません。そこで教授が手渡したのがローズマリーをさした青い帽子。これをかぶれば、「どんなことにも成功するよ」と言って彼らを励ますのです。

ここぞという挑戦のときに力をくれるローズマリー。秋から初夏まで長く花を咲かせ続け、エールをくれます。小枝をハーブティーや料理に使う楽しみもある贈り物です。

この本には一枚の挿絵もありませんが、理由を「読者のみなさまに、自由に、想像力を発揮していただきたいから」と書いています（初版本／岩谷時子訳）。想像力をかき立てれば〝今までと違った次元で〟花が見られる自分になり、夢に一歩近づくのです。

▼夢を追いかける人たちへ、ローズマリーの鉢植えを。

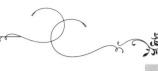

ワスレナグサ

大空の青がこぼれて幸福を　人に約束するために
勿忘草《わすれなぐさ》が咲きました

——「勿忘草」

竹久夢二（一八八四〜一九三四）

花言葉

幸福の約束

PROFILE

大正ロマンを代表する画家、詩人。岡山県生まれ。妻や恋人をモデルに抒情的な女性を描き、一世を風靡。夢二式美人画と呼ばれ、女性の内面を映すために花を描いたり、花を擬人化した作品を描いた。日用雑貨や書籍の装幀を手がけるなど商業美術（グラフィック・デザイン）の先駆者。没年四十九歳。

つながっているよ、と伝える花

詩集『春のおくりもの』にある詩「勿忘草」の一節です。忘れな草は淡い青色の小さな野の花。英名"forget-me-not"の「私を忘れないで」という意味から別れを思わせる花ですが、夢二は「幸福を約束するために咲く」と言い、優しい気持ちになります。この花の青は空の色。どこまでも広がる青空のような澄んだ青色です。

夢二の美人画はちょっと儚げで、日本女性らしい清楚さとほんのり漂う色香が魅力です。絵に登場するのは彼が愛した三人の女性たち。唯一結婚し、三男児をもうけた妻のたまき。最も愛したといわれる彦乃。そして、夢二の絵から抜け出してきたような二十歳年下のお葉。〝忘れな草〟という花の名前を夢二が書くとき、「私は忘れないよ」と女性たちに囁いているのかもしれません。幸せな時間をくれた人への感謝の気持ち、離れても幸せを願う気持ちは変わらない。絆はつながっているよと伝えたくなる、夢二の言葉です。

忘れな草が咲くのは三月から六月初旬にかけて。この花だけの青い花束も素敵ですが、夢二がよく描いたチューリップ、フリージア、スズランを加えると、「幸福」のイメージが高まります。

▼幸せを願う人に忘れな草の花束を。空色の小花が集まって咲く鉢植えもかわいい。

ワスレナグサ

酷な自然の中で咲く花の美しさは、暖かく光に満ちた世界のそれとは一線を画している

星野道夫（一九五二〜一九九六）

花言葉

生きる力

PROFILE

写真家。千葉県生まれ。十九歳で単身アラスカに渡り、極北の自然、野生動物、人々の暮らしを撮り続けた。取材で訪れたロシアのカムチャッカ半島クリル湖畔でヒグマに襲われ、急逝。写真集『GRIZZLY』、エッセイ『旅をする木』『ノーザンライツ』など多数。没年四十三歳。

過酷な経験は人を強くする

遺稿集『長い旅の途上』にあるエッセイ「可憐な花」の一文。アラスカの花の世界を見つめ直し、撮影に取り組み始めたとき、出会った忘れな草が忘れられないと書いています。いじらしいほど可憐でたくましい花。冬が長く、夏が短いアラスカの州花です。限られた時間の中で一生懸命咲こうとするその花が好きだ、と星野は言います。アラスカの忘れな草は、ごつごつとした岩陰に這いつくばるように咲くそうです。〝酷な自然の中で咲く花〟は格別に美しい。私たちも同じではないでしょうか。過酷な経験は人を強くし、前に進む力に変えていきます。厳しい冬を乗り越えた人は春、ゆるぎない自分だけの美しい花を咲かせます。苦難のときを過ごしてきた人に、新しい出発をする人に、贈りたい言葉です。

日本では三月から初夏にかけて咲きます。英名〝forget-me-not 私を忘れないで〟というように、今、目の前で咲いている時間を大切に楽しみたい花です。忘れな草をメインに、スミレ、ミニ水仙、クロッカスなどを花かごに入れて飾ると、部屋に春を呼ぶようです。

星野は忘れな草が語りかけてくるようだ、とこう書き残しています。

「私たちが生きることができるのは、過去でもなく未来でもなく、ただ、今しかないのだ」と。

▼新しい門出に、応援のメッセージに。英名から絆を結ぶ花。ご縁に感謝したい人にも。

Column 1

歌には心に響く名言がいっぱい

歌には素敵な名言があふれています。伝えたいメッセージを歌詞に託して贈りましょう。どんな花を贈るときにもおすすめの言葉は、ＳＭＡＰの『世界に一つだけの花』。タイトルをそのまま、「あなたは世界に一つだけの花です」とカードに書いて贈れば、特別な思いが届く名言になると思います。

愛する気持ちを伝えたい花束には『百万本のバラ』から言葉を。歌手の加藤登紀子さんや久保田早紀さんが歌い、大ヒットした名曲です。貧しい絵描きが女優に恋をして、街中のバラを買って、彼女に贈ります。グルジア（現・ジョージア）の画家、ニコ・ピロスマニ（1862 ～ 1918）の実話をもとにしたといわれ、恋は、はかなく散りますが、後年、肖像画「女優マルガリータ」で、彼女がバラの花束を持って微笑む姿を描いています。花は枯れても、心の中では咲き続けると教えてくれる愛の歌です。歌い手によって訳詞が少しずつ違いますので、心に響いたフレーズを選んで、バラの花束に添えて。

誰かを励ましたいときに贈りたい歌は、ベッド・ミドラーが歌う『ローズ』。寒い冬、雪の下に眠る種の芽吹きを人生にたとえて歌います。今がどんなに厳しい状況でも、必ず春は訪れ、太陽の光を浴びて、バラの花は咲くよ、と背中を押すメッセージが込められています。

歌詞は短く、シンプルだからこそ、思いが伝わります。好きな歌から、あなたならではの名言を見つけてください。

第2章

愛を伝えるバラの名言

バラはいちばん大切なものを花の芯につつみ
きみはいちばん大切なものを胸の奥につつむ

――「ばら」

ガブリエラ・ミストラル（一八八九〜一九五七）

花言葉

宝物

PROFILE

チリの詩人、外交官。十六歳から教鞭をとる。亡き恋人への思いを綴った詩集『荒廃』が高く評価される。一九四五年、ノーベル文学賞受賞。詩作を続けながら国際連盟での職務、世界各地の領事を歴任。チリの五千ペソ紙幣の肖像画に。『タラ』『死のソネット』など。没年六十七歳。

胸の奥に誰もが持つ、魂の輝きを

詩集『タラ』にある詩「ばら」の一節。一九四五年、ラテンアメリカの文学者として初のノーベル文学賞を受賞した女性詩人、ミストラルの言葉です。

花びらが重なる花芯の奥に、誰もが大切な何かを隠し持っていると思います。その人の魂の輝きのような宝物。それを思い出してほしい、これからの人生で忘れないでほしいと願って贈りたい詩人の言葉です。

花束に選びたいのはカップ咲きのバラ。花びらが内側に向かってゆるくカーブしていく形のバラです。典型的なオールドローズなど、花芯が見えないほど細かく重なる花びらは〝いちばん大切なもの〟を包んでいるように見えます。香りも豊かで、この言葉に秘めたあなたの思いが伝わるように思います。

幼い頃は、庭の花や小鳥と夢中になって話をするような少女だったといいます。詩作を続けながら、外交官としてマドリード、ニース、ロサンゼルスなどの領事を歴任し、世界各地で活躍しました。『タラ』の売り上げは、スペイン内戦の孤児に寄付されました。

▼大切な人の誕生日に、入学や就職など新しい出発のエールに、オールドローズの花束を。

バラはバラであってバラである

――『地球はまるい』

ガートルード・スタイン（一八七四〜一九四六）

花言葉

アイデンティティ

PROFILE

アメリカの作家、美術収集家。ピカソ、セザンヌなどの初期の作品を収集。パリに開いた文学サロンではヘミングウェイ、アポリネールなど若い作家や詩人が集い、影響を与えた。「ロスト・ジェネレーション（失われた世代）」の命名者。著書『アリス・B・トクラスの自伝』など。没年七十二歳。

私は私。ほかの誰でもない私

絵本『地球はまるい』の一文。六十四歳のスタインが九歳の少女、ローズに友情の印に書いた物語です。扉には〃フランスの薔薇ローズに捧ぐ〃と献辞をつけました。

絵本の主人公ローズは自分の名前とアイデンティティについて考えます。「もしほかの名前でも、私は今の私かしら?」「ローズは薔薇色? 好きな色は青なのに」。いくつかの問いを経て、出した答えが〃Rose is a Rose is a Rose is a Rose……〃

「バラ」を「私」に変えるとわかりやすいかもしれません。「私は私であって私である」。誰でもない私である、自信をもって生きていこう。少し弱気になっているとき、迷いの中にいるとき、「あなたはあなたよ、自分を信じて」と伝えたいとき、バラの花束に添えて。

スタインは若い人を応援して、才能を開花させる天才でした。ピカソやセザンヌ、マティスなどの作品をいち早く収集したり、文学サロンでは無名だったヘミングウェイなどが出入りし、彼女の前衛的な考え方や知的な会話に影響を受け、巣立っていきました。ご存じのように皆、独自の世界を創り出して成功した芸術家たちです。古代からバラは「霊感の源泉」。自分ならではの花を咲かせたいすべての人に、〃自分を貫く勇気〃をくれる言葉です。

▼自分へのエールに、ローズ色のバラの花を飾って。若い友人への応援メッセージにも。

薔薇《バラ》ノ木ニ
薔薇ノ花サク
ナニゴトノ不思議ナケレド

――「薔薇二曲」

北原白秋（一八八三〜一九七一）

花言葉

自然の神秘

PROFILE

詩人、歌人。二十四歳のとき第一詩集『邪宗門』で評価を得る。日本初の児童文芸雑誌『赤い鳥』に参加。「からたちの花」「この道」など、心が安らぐ童謡を数多く世に残す。俊子と離婚後、章子、菊子と三人の妻を持った。歌集『桐の花』、童謡集『とんぼの眼玉』など。没年五十七歳。

失意の日々にも花開くバラに救われる

白秋が二十九歳の頃の詩集『白金之独楽《はくきんのこま》』にある三行詩。四季がめぐり、バラの花を今日、見ることのできる幸せを思う、詩人の言葉です。

このバラの詩は苦悩の中で生まれたものでした。詩壇の寵児となっていた二十代半ば、人妻、俊子と恋に落ち、夫から告訴され投獄。世間からバッシングを受けて仕事も名誉も失います。二十八歳で俊子と結婚するものの、一年で離婚。その直後に出版されたのがこの詩集です。失意の日々、季節には決まって、花を咲かせるバラの姿は救いのような存在だったのかもしれません。後年、白秋はこの詩について語っています。

「バラの花が咲くのは驚異すべき一大事実ではないか。この神秘はどこから来る」

花が咲くことの神秘は、あなたが今、ここに生きている神秘ともいえないでしょうか。

「薔薇」のところを「私」に変えて、読んでみてください。

「私ノ木ニ　私ノ花咲ク。ナニゴトノ不思議ナケレド」

今が正念場というとき、心の傷がうずくとき、白秋の言葉を胸にバラを飾りましょう。花びらが開いていく姿はとても美しく官能的です。つぼみを多く選ぶと長く楽しめますよ。

▼誰かの背中を押したいとき、応援したいときにも、バラの花束を。

バラ

もう一度、バラの花を見に行ってごらんよ。
きみの花が世の中に一つしかないことがわかるんだから

――『星の王子さま』

サン＝テグジュペリ（一九〇〇〜一九四四）

花言葉

かけがえのない人

PROFILE

フランスの作家。パイロットを本業としながら、小説『夜間飛行』『人間の土地』などを発表。第二次世界大戦中、『星の王子さま』出版の翌年、コルシカ島の基地から飛び立ち帰還しなかった。没年四十四歳。

王子さまの星には一輪のバラが咲いている

サン・テグジュペリの童話『星の王子さま』から。王子さまの星には一輪のバラが咲いています。四つのトゲをもつ美しいバラ。この言葉は、彼女のわがままに嫌気がさして星を出た王子さまが地球で出会ったキツネの台詞《せりふ》です。〝友達になること〟の意味を教わり、たった一人を大切にすることが、お互いにかけがえのない存在になると気づきます。

この言葉を読んで、心の中に浮かんだ人は誰でしょうか。その人があなたのバラ。何千本ものありきたりなバラではなく、王子さまの星に咲くバラのように特別な一輪。いちばん大事な人を見失わないように、と語りかけるテグジュペリの言葉です。

バラのモデルは妻のコンスエトロ。美しく、わがままで彼を悩ませたところも物語と似ています。一九九八年、消息不明だった彼の飛行機の残骸がマルセイユ沖の海中で発見されたとき、一緒に見つかった銀のブレスレットには二人の名前が刻まれていました。物語に王子さまとバラとの再会は描かれていませんが、遺品は二人の愛の絆を象徴するようです。

「大切なことは、目に見えないんだよ」。目に見える形にして愛を伝えるためにバラの花を贈りましょう。バラは古代から「愛」のシンボル。愛する気持ちを告げる花です。

▼あなたの大切な人に、伴侶に。絆を結ぶ友情のあかしにも、一輪のバラを。

バラ

ライバルがバラを十本贈ったら
君は十五本贈るかい？　そう思った時点で、君の負けだ

スティーブ・ジョブズ（一九五五～二〇一一）

花言葉

革新

PROFILE

アメリカの実業家。一九七六年アップルコンピュータ社（現アップル）を共同設立。Macintoshなどのパーソナルコンピューターを発表。一度は同社を追い出されるが復帰し、CEO（最高経営責任者）に就任。iPhone、iPadなどこの世になかった商品を生み出し、世界を変えた。没年五十六歳。

頂点を目指す人には黄色のバラを

ｉＭａｃ開発当時に語った言葉。美しい女性を口説くとき、バラの花束を贈ることにたとえて、イノベーションについて語っています。続けて、「ライバルが何をしようと関係ない。相手が何を望んでいるのか、見極めることが重要だ」。人が考えたものより少しだけよいものに改善するという発想では負け。圧倒的にすばらしい贈り物を用意して相手を喜ばせること。絶対に誰も真似できない発想で世界を変えようと、鼓舞するジョブズです。

ジョブズの言葉を贈る人は、ただ美しいというだけでバラを選んではいけないと思います。バラの持つ真の意味を知り、ふさわしいメッセージを贈ってください。

頂点を目指す人には「最高の栄誉」を意味する黄色のバラを。新しいスタートを切る人には純白のバラ。勝負に打って出る人には情熱に火をつける赤いバラ。不可能を可能にするのは青いバラ。〝不可能〟転じて、花言葉は「夢叶う」。花束の仕上げに、「実り」をもたらすミニリンゴを。リンゴの丸い形は「完璧」のシンボルです。

スタンフォード大学の卒業祝賀スピーチでの有名な名言を添えるのもいいですね。

「もし今日が人生最後の日だとしたら、今日やろうとしていることをやりたいか？」。

▼成功を目指す人に、恋の成就に、新しい出発へのエールに、バラの花束を。

バラ

バラと呼んでいる花を、別の名前にしてみても、美しい香りはそのままです

――『ロミオとジュリエット』

シェイクスピア（一五六四〜一六一六）

花言葉

本質

PROFILE

イギリスの劇作家。花や木に託して、物語の主題や人物像を表現した作品が多い。『真夏の夜の夢』ではパンジーが恋の媚薬に、『ハムレット』ではスミレは薄命のシンボルに。四大悲劇『ハムレット』『オセロ』『リア王』『マクベス』など。没年五十二歳。

あなたはあなたのまま

「おお、ロミオ、どうしてあなたはロミオなの?」というジュリエットの台詞のあと、「名前って、何?」と問いかけ、自分でこう答えました。戯曲『ロミオとジュリエット』第二幕、対立する家に生まれた二人が愛を確かめ合う、バルコニーでの場面です。バラはどんな名前で呼んでも甘く香るように、家柄は人間の本質に関係がない。「呼び名はなくても、あなたはあなたのまま」とロミオという名前を捨てて、私を受け取ってと語りかけました。

物語が書かれたのは約四百年前のことですが、この言葉は現代にも通じます。肩書や地位に惑わされることなく、その人自身を見つめること。何よりも他人が自分に貼ったレッテルに左右されないで、誇りをもって生きる人間であろうと励ます言葉です。

シェイクスピアは登場人物の性格や感情を表現するため、象徴的にさまざまな種類の花を使っています。最も多いのがバラ。古代から「愛と美」を象徴するバラは彼が生きた時代も〃花の女王〃でした。豊かに香るイングリッシュ・ローズを花束に。アプリコット色のバラ「ジュリエット」、ローズピンクの大輪のバラ「ウィリアム・シェイクスピア」などを。

▼誇り高くという願いを込めて、香りあふれるバラの花束を大切な人に。

バラ

これ以上骨を折っても無駄だ！
バラならば、花咲くだろう

——「警句的」

ゲーテ（一七四九～一八三二）

花言葉

夢の成就

PROFILE

ドイツの詩人、作家。フランクフルト生まれ。詩、小説、戯曲、格言を数多く書き、植物学、色彩論など学術研究にも優れた成果を挙げた。シューベルト作曲の童謡『野ばら』は十代のときの恋の思い出を綴った詩。代表作『ファウスト』『若きウェルテルの悩み』。没年八十二歳。

人事を尽くして天命を待とう

ドイツの文豪、ゲーテは花を愛し、邸宅の庭で自ら草花や木を植え、育てました。バラの花にたとえた人生訓を数多く残し、この言葉はその一つです。わかりやすく言うと、「人事を尽くして天命を待て」というところでしょうか。成功を目前にして、右往左往している人に贈りたい言葉です。日本のことわざに「骨折り損のくたびれ儲け」がありますが、苦労したわりに成果が全くあがらない状況を戒める意味もあると思います。

茎に一輪だけ残った季節はずれのバラを見たときの格言はこうです。

「バラの季節過ぎたる今にして初めて知る、バラのつぼみの何たるかを」(『西東詩集』)。

人生に遅すぎることはない。心の中に小さな夢のつぼみが生まれたことを喜び、楽しく育てよう。最後まで、自分のバラを咲かせ続ける人生を送ろうと背中を押すゲーテです。

このバラの言葉を心にとめて飾りたいのは「ゲーテローズ」という名の紫色の大輪のバラ。香りがとても強く、一輪を飾るだけで部屋いっぱいに広がります。

ゲーテの花好きは園芸の域にとどまらず、学術的な研究も高く評価されています。晩年、「植物の研究にどれほど努力したか、知られていないのは残念だ」と言うほどでした。

▼成功を目指す人に、薫り高い大輪のバラを。花束にはつぼみを加え、人生の開花を応援。

バラ

自由になるとは、ときにはイバラの道を行くこと

――一九〇九年一月の日記

パウル・クレー（一八七九〜一九四〇）

花言葉

進歩

PROFILE

スイス生まれの画家。主にドイツで活動。豊かな色彩と素朴な線によって独特な幻想絵画を創り出した。バウハウスで教鞭をとり、植物の成長を創作の過程にたとえて教えた。十八歳の頃から約二十年書き続けた日記は彼の思考と芸術について知る貴重な資料とされる。没年六十歳。

傷つきながらも歩き続けた道の先には

パウル・クレーの日記の一文。新しい扉を開こうとするあなたに贈りたい言葉です。「イバラ」はバラなどトゲをもつ落葉低木、とくに藪のように繁る植物のことです。イバラが繁る道を歩けばトゲに刺され、傷つくことを意味しています。それでも、恐れることなく進んでいこう、と背中を押してくれる言葉です。

クレーは植物の成長を、作品を創造するプロセスになぞらえてよく語りました。この一文は〝芸術家として進歩する楽しみ〟について書いたものです。続いて、「平静と不安とがかわるがわる絵画の演奏に本質的なエレメントとなる」と結びます。悩み苦しむ時を経ながら、画家は自分の目指す芸術を完成させていきます。アーティストに限らず、何かを始めようとするとき、不安になるのは皆一緒ですね。しかし、傷つきながらも歩き続けた道の向こうにはもっと自由で楽しく、自分を誇りに思う人生が待っているとクレーは励まします。いつの日か到達する自分をクレーは〝エネルギーの賜物〟と呼んでいます。

イバラの道を行くと決めたとき、トゲが鋭い野バラをお守りとして飾りましょう。原種のノイバラ、オールドローズ。ノイバラから品種改良した一重咲きのマーメイドなど。

▼新しい道を歩き始めるあなたに、応援したい人の門出に、野バラの花束を。

バラ

一輪のバラにも咲き甲斐はあるもの

――『夜の手帖』

マリー・ローランサン（一八八三～一九五六）

花言葉

自由

PROFILE

フランスの画家。淡い色彩の繊細な画風で女性や花を描き、バレエの舞台装飾も手がけるなどパリで活躍。詩人G・アポリネールと恋に落ち、お互いの芸術に影響を与え合った。破局後ドイツ人男爵と結婚するが離婚。自由な恋愛を楽しみながら創作を続けた。没年七十三歳。

何が起きても人は立ち直る

マリー・ローランサンは薔薇色の絵を多く描きました。ピンク色のバラ、赤い唇の少女、バレリーナ。ソフトフォーカスをかけたような柔らかなタッチでロマンチックです。彼女の絵に似た甘いピンク色のバラは「母性」の象徴。温かな愛で包み込むバラです。

この言葉は、唯一の著書『夜の手帖』に載せたエッセイ「治癒ということ」に挟まれた詩の一節です。「バラにはバラの花が咲く」と始まり、「人生は女にとってこうも苦しく」と終わります。けれど、何が起きても人は立ち直り、自分を癒してくれたものを思い出すのと語ります。ローランサンにとって、忘れがたい思い出は詩人アポリネールとの運命の恋。お互いに刺激し合い、世に残る作品を数多く創り出しました。五年で別々の道をいく二人ですが、ローランサンが亡くなったとき、遺言により、一輪のバラとアポリネールからの手紙が胸に抱かれ、パリの墓地に埋葬されたと伝わります。

この言葉のバラは彼女自身。唯一無二の芸術の花を咲かせたローランサンからのメッセージです。タフで美しく、自由に生き、自分の花を咲かせましょう、と。「マリー・ローランサン」と名づけられたのは優しいクリームイエローのバラです。

▼応援したい人に、アーティストに、ローランサンの絵のような淡いピンク色のバラを。

バラ

家で待っているのは、あなたが選んだ花《バラ》、あなたが選んだ音楽、あなたの微笑です

オードリー・ヘプバーン（一九二九〜一九九三）

花言葉

幸せな家庭

PROFILE

アメリカの女優。ベルギー生まれ。映画『ローマの休日』でアカデミー主演女優賞受賞。TV番組『世界の庭園紀行』ホスト役で七か国十六の庭園を訪れる。ユニセフ親善大使の活動、恵まれない人々への援助を晩年まで行った。オードリーの名前を冠したサーモンピンクのバラがある。没年六十三歳。

家族みんなで笑って過ごせる幸せ

三十代後半で映画界から引退し、家庭に入ると決めたとき、記者たちに語ったのがこの言葉。家族のために犠牲を払い、キャリアを諦めたと考える人たちへの反論です。

「問題の多いこの世界で、私は家庭を楽しく朗らかな、安息の場所にしたいのです」と。

オードリーが心がけたことの一つは家の中を花でいっぱいにすることでした。スイスのトロシュナ村の「ラ・ペジーブル（平和の家）」と呼んだ家の庭。交互に住んだローマの小さな家の庭で、好きな花々を植え、育てました。とくに自慢はバラ。朝、バラを摘んで食卓に飾ったり、時にはトーストのお皿に小さなバラを添えたり。バラは愛と献身、母性を象徴する花。彼女のアイデアは日常の中で家族に笑顔を届けるヒントをくれます。

少女時代は第二次世界大戦の最中。家を失い、食べ物がなくなり、チューリップの球根を粉にして食べるなど過酷な状況を生きのびました。命の危険と隣り合わせの日々を過ごした彼女にとって、家族みんなで笑って過ごせる毎日は奇跡のような喜び。晩年まで貧しい国々に出向き、ユニセフでの活動を続けながら、庭づくりを楽しみました。

「庭に花や木を植えることは、明日を信じること」。家族と共有したいメッセージです。

▼愛する伴侶に、両親に、友人に。思わず笑顔になるバラをあなたの感性で選んで。

あなたがいないと寂しい。バラは最高に美しい濃い赤でした

――夫、ジャクソン・ポロックへの手紙

リー・クラズナー（一九〇八～一九八四）

花言葉

愛する思い

PROFILE

アメリカの抽象画家。ジャクソン・ポロックの妻。三十三歳のときポロックの絵に衝撃を受ける。三年後の一九四五年に結婚。彼の創作活動を支え、作品をプロモートし、リーなくしてポロックの成功はなかったといわれる。互いに刺激し合いながら自身も制作を続けた。没年七十五歳。

赤いバラは愛のシンボル

真紅のバラは古来、「愛」のシンボルです。女神ヴィーナスが愛する青年のために流した血が白いバラを染め、赤いバラが生まれたとギリシャ神話に伝わります。

この言葉は、抽象画家リー・クラズナーが夫のJ・ポロックに宛てた手紙の一文。旅の途中、彼が贈ってくれたバラの花束のお礼をパリのホテルで書いたものです。ポロックはアクション・ペインティングを生み出した抽象絵画の巨匠。結婚十一年目、名声が高まるほど精神的に追いつめられていくポロックと距離を置いていた時期、遠く離れたリーのもとへ届けられたバラでした。「愛するジャクソン」で始まる文面には会いたい気持ちがあふれ、「あなたも同じ気持ちでいてくれたら」とポロックへの熱い思いを綴《つづ》っています。

手紙を出した三週間後の八月、ポロックは飲酒運転の事故で亡くなりました。真っ赤なバラはポロックからリーへの最後の愛のメッセージといえないでしょうか。言葉がなくても、バラの赤色で愛する思いを告げることはできるのです。「濃い赤」のバラといっても無限にあります。ルビー色に輝く真紅、ワインのような紫を含んだ赤、黒みがかった濃厚な赤……。あなたが思う〝最高に美しい濃い赤〟を探して、大切な人に贈りましょう。

▼絆を結びたい人に濃い赤のバラを。仲直りしたいときにも赤いバラの花束を。

バラ

心の中の庭に花《バラ》が咲く

――「唯一私のもの」

マルク・シャガール（一八八七～一九八五）

花言葉

感謝

PROFILE

フランスの画家。帝政ロシア（現ベラルーシ）で敬虔なユダヤ教徒の家に生まれ、パリで活躍。愛や結婚、恋人たちをテーマに幻想的な筆致と美しい色彩で描き続け、「愛の画家」と呼ばれる。最初の妻ベラへの愛を描いた作品に『白い衿のバラ』『街の上で』『散歩』など。没年九十八歳。

愛の記念日に真紅のバラを

シャガールは妻ベラへの愛をバラの花とともによく描きました。ベラは霊感を与えてくれる女神《ミューズ》。結婚の数週間前に描いた『誕生日』で、バラの花束を手に持つベラに彼がキスしています。花束はピンク、黄色、白の三色。結婚十年後の作品『二人の肖像』では白いドレス姿のベラが真っ赤なバラの花束を持ち、シャガールはその後ろで見守るように立っています。画家にとって、彼女は美しいバラの花そのものでした。

この言葉は、約三十年連れ添ったベラが急逝して間もない頃に書いた詩の一節です。「二つの顔がバラの香水のように消えてなくなった」と悲しみを綴《つづ》りながら、〃私の魂の中にある庭〃に花々が咲いていると語ります。しばらく絵筆を持てませんでしたが、感謝の思いを胸に再び、愛にあふれる絵を描き始めました。人生には幾度となく別れが訪れます。つらいとき、悲しいときも、再び花のつぼみが開くことを信じて贈りたい言葉です。

シャガールの絵をヒントに、誕生日に三色のバラの花束、愛の記念日に真紅のバラを。花を育てるのが好きな人なら「マルク・シャガール」の鉢植えを。ピンク色に絵筆で描いたような白が散っていて美しく、幸福を約束するバラとして、相手への思いが伝わります。

▼愛する人に感謝を込めて。シャガールの絵のように優しい色のバラを選んで。

バラ

バラの花びらが散ってしまわないうちに香りをかいでください

オグ・マンディーノ（一九二三〜一九九六）

花言葉

選択

PROFILE

アメリカの人生哲学書作家、講演家。生命保険セールス、雑誌『サクセス・アンリミテッド・マガジン』の編集長、同社長を経て、初の著書『世界最強の商人』が世界二十五か国語に翻訳されるベストセラーに。『この世で一番の奇跡』『十二番目の天使』など。没年七十三歳。

一期一会の美しさに目をとめる

成功哲学の分野で世界中にファンをもつ作家、オグ・マンディーノ。「偶然を奇跡に変える17のルール」と題したエッセイの一文です。がむしゃらに成功を目指す人に、少し立ち止まって、日常の中の幸せに目を向けるようにと語っています。「自分や愛する人のために時間がとれないほど、明けても暮れても働くことを選択するような成功は、どんなに富や名誉を勝ち得ても幸福とはいえないのではないか」と投げかけます。

今、走り続けているあなた、目の前の大切な人にバラの花束を贈ってはいかがでしょうか。「忙しい」が口癖の家族や恋人に、「こちらを向いて」と伝えたいときにも香りの強いバラを一輪。バラの花が咲いている間は、一緒にその香りを楽しみましょうと。刻一刻と変化していくバラの花びら。一期一会の美しさに目をとめる心をもっていたいですね。

「真の幸福は現在を楽しむこと。過去を振り返ってばかりいたり、やみくもに将来に希望を託すのではなく」とマンディーノは叱咤激励しています。バラは香りの強い品種から選んで花束に。濃厚なダマスク香にうっとりするオールドローズ、独特の甘い香りのイングリッシュ・ローズ。部屋の中がバラの香りであふれ、幸せな空間が生まれます。

▼一緒にいる時間を大切にしたい人にバラを。ほっと一息つきたいとき自分のために。

バラの神がやってくる。バラの日々が訪れるからね

──『アニアーラ』

ハリー・マーティンソン（一九〇四〜一九七八）

花言葉

希望と再生

PROFILE

スウェーデンの詩人。十六歳で船乗りになり世界各地を巡る。叙事詩『アニアーラ』で一九七四年ノーベル文学賞受賞。宇宙船アニアーラが衝突する小惑星「ホンド」は広島と長崎がある日本の「本土」に由来。核兵器の脅威、科学技術への過度な信頼に警鐘を鳴らす詩作を続けた。没年七十三歳。

今がどんなにつらくても

スウェーデンのノーベル文学賞詩人、マーティンソンの宇宙叙事詩『アニアーラ』の一節。未来の地球を予感させるSFのような詩の中で「バラの神」が登場します。「バラの日々」はあたたかな陽射しが降り注ぐ季節を象徴しています。

今がどんな状況でも、もうすぐバラの花が咲くよ、と伝えたい言葉です。

アニアーラは宇宙船。放射線に汚染された地球から火星へと飛び立ちますが、ホンド小惑星との衝突で軌道を外れ、乗客八千人を乗せて、宇宙を彷徨《さまよ》うことに……。詩の後半、バラの神とともに、ユリの女神、スミレの神が現れ、神々に染められた花たちも咲き始めます。腐葉土と化した乗客たちが「花」となって再生するのです。スウェーデンでは、人は死ぬと森に還り、新しい命として蘇るという死生観があります。「バラの神」は過去を栄養として、新たに生まれ変わろうとする人の未来の姿ともいえます。この言葉は季節がくれば花咲くバラのように、何度でも復活できるというメッセージになると思います。

バラは〝宇宙に咲く花〟。遥か遠い銀河を想像しながら、神秘的な色彩を選びましょう。紫色のグラデーション、青みがかったピンク色など、心に描く宇宙の色を花束にして。

▼新しい人生をスタートする人に、転職など再出発を応援したい人に。

バラ

この薔薇の生きて在る限り、私は心の王者だ

――『善蔵を思う』

太宰治（一九〇九〜一九四八）

花言葉

誇り

PROFILE

昭和を代表する作家。青森県生まれ。『ヴィヨンの妻』『走れメロス』『人間失格』など、作品を次々と発表。小説『女生徒』にもバラの名言あり、『斜陽』では大輪の菊など心情を花で表現する作品が多くある。登場回数は桜、バラ、菊、蓮、藤、梅、コスモスの順。命日は「桜桃忌」。没年三十八歳。

悩み多き友人に励ましのバラを

太宰治は多くの花を作品に登場させています。『富嶽百景』の「富士には月見草がよく似合う」が有名ですね。バラは桜に次いで多く、この言葉はその一つ。

小説『善蔵を思う』の主人公Dの心のつぶやきです。彼の庭には植えたばかりの八本のバラ。「枯れるな、枯れるな、根を、おろせ」と世話をします。何かと気に病む性格の彼はある日宴席で大失態し、ぐずぐずと後悔していたのに、訪ねてきた友人に「なかなか優秀な薔薇だ」とほめられて幸せな気持ちになり、「私は心の王者だ」と一瞬思うのです。

ささいなことで人は救われます。自信をなくしたとき、自分を責めてしまうとき、誇りを取り戻す力が花にはあると知る太宰の言葉です。次の瞬間には別の憂鬱が頭の中に入りこむとしても。

バラは香り高く美しい姿から、幸福と喜びとをもたらす花の王様。見るたびに心が和らいで、思わず笑顔が浮かぶようなバラを一輪、あなた自身のために飾りませんか。ぐるぐると同じことを思い悩みがちな友人にも励ましのバラを。太宰はバラの色も形も書いていませんので、自由に、相手の心がほっと温かくなるようなバラを選んでください。

▼「誇りをもって」と伝えたいときに。再出発のエールに、笑顔になれるバラを。

バラ

カエサルのごとく高貴さには劣る選択―花《バラ》の絵―で第一人者となる道を選んだのです

ピエール＝ジョゼフ・ルドゥーテ（一七五九～一八四〇）

花言葉

唯一無二

PROFILE

ベルギーの植物画家。フランスの宮廷画家として活躍。ナポレオン皇后ジョゼフィーヌが収集したバラを数多く描き、「バラの画家」と呼ばれる。画集『バラ図譜』『美花選』での正確な描写は植物学上も重要な資料とされる。「ルドゥーテ」という名のバラあり。没年八十歳。

好きなことを極めていくと

〝バラの画家〟と呼ばれたルドゥーテの言葉です。ナポレオン皇后ジョゼフィーヌのマルメゾン庭園に咲くすべてのバラを描きとめることが、ルドゥーテの仕事でした。

この言葉は、ナポレオンに「君の花好きはどうにかならぬものか?」と聞かれて答えたものです。カエサルは古代ローマの英雄です。彼は「雄弁」は人に譲り、「政権と武力」によってナンバーワンになることにした、という伝説を自分に当てはめました。基礎的な絵画教育を受けていないルドゥーテは「著名な歴史画家にはなれない。だから大したものじゃないが、好きな花の絵を描いて第一人者になろうと決めました」と答えたのです。

あなたが好きなことは何でしょうか。今はまだ技術が拙《つたな》くても、自分に希望を感じる才能とは。好きなことを貫いて続けていると、やがて、「唯一無二」の存在になれるとルドゥーテの人生は教えてくれます。〝花の絵〟の部分を自分流に変えて、バラの花を飾りましょう。

あなたの道を応援するのは、マルメゾン庭園に咲いていたというオールドローズ。ピンク色のケンティフォリア、ダマスクローズなど。名著『バラ図譜』を開けば、ルドゥーテのバラは今も枯れず、永遠に咲き続ける姿が見られます。

▼自分自身の決意表明としてバラを一輪。門出のエールに、偉業を讃える祝福に花束を。

バラとして花咲く瞬間を待ち望む

――「試み」

ヴィスワヴァ・シンボルスカ（一九二三～二〇一二）

花言葉

花咲く未来

PROFILE

ポーランドの詩人。優しい言葉を使いながら批判精神を織り込んだ叙情詩は〝詩のモーツァルト〟と評される。一九九六年ノーベル文学賞を受賞した後も、古都クラクフでひっそりと暮らした。代表作『終わりと始まり』『橋の上の人たち』『だから生きている』など。没年八十八歳。

あなたはあなたとして花を咲かせて

ポーランドのノーベル文学賞詩人シンボルスカの詩「試み」の一文です。あなたはどんなバラの花を咲かせたいですか。心の奥に芽生えたつぼみが花開きますように、夢に向かって挑戦する人に贈りたい言葉です。この言葉の前節では「バラはバラとして花を咲かせ、それ以外の何ものでもありはしない」とあります。

過剰に自分を高めることもなく、卑下する必要もない。バラはバラとして、私は私として花を咲かせる。今の自分をありのままに信じて進んで、という詩人からのメッセージです。

受賞のきっかけとなった詩集『終わりと始まり』では広島原爆、スペイン内乱、コソボ紛争など戦争、殺戮《さつりく》への憎しみや愚かさをテーマにしています。授賞式のスピーチで彼女は「植物が苦痛を感じないなどと確信を持って言えるでしょうか」と聴衆に問いかけています。常識を疑い、永遠に探究し続ける精神の大切さを伝え続けました。

心に秘めた夢に似たバラの花を飾りましょう。つぼみを入れた花束にして、自分へのエールに、応援したい人に。詩人が生まれた国ポーランドの音楽家「ショパン」という名の大輪の白バラはいかが。白い花びらは花咲く未来を自由に染めてくれそうです。

▼家族や友人の誕生日、記念日に。新しい門出の祝福に、バラのつぼみと満開の花を。

バラよ、半ば開かれた本。幸福のページがいっぱいでとうてい読みきれない魔術師のような本

――「〈薔薇〉から―わたしは見る」

リルケ（一八七五〜一九二六）

花言葉

魔法

PROFILE

プラハ生まれのドイツの詩人。花に心情を託し、バラを人生にたとえた詩が多く、「バラの詩人」と呼ばれる。晩年はヴァレリーの翻訳に熱中。詩集『時祷詩集』『オルフォイスに捧げるソネット』、小説『マルテの手記』など。白血病で死去。没年五十一歳。

花束の色合わせは、リルケの詩からヒントを

〝バラの詩人〟と呼ばれたリルケの詩の一節。バラの花を一冊の本にたとえています。花びら一枚一枚が幸福について書かれたページです。バラを贈ることは魔法の本を贈ること。読みきれないほどの幸せのメッセージを届けることができるのです。

リルケは移り変わる心をバラの花で表現しています。「薔薇たちは変身自在」と色彩を語る詩はとても美しく、花束の色合わせのヒントになります。

ピンク色の花束は、美しい薔薇色から紫がかったリラ色へのグラデーションを。黄色いバラの花束は、ごく淡い黄色と果汁たっぷりの果実のようなオレンジ色を組み合わせて。白いバラの花束は、麻のドレスの白、陶器の真珠色、女神ヴィーナスが立つ貝殻の白と、白の色味にこだわりましょう。詩人の感性を大切な人に贈るバラに生かしてください。

晩年、リルケはスイスのミュゾットの館で暮らしました。秋、庭でバラのトゲに刺されたことが原因で病気になり、十二月に急逝したと伝わります。あっという間にバラが連れて行ってしまった、最期までバラと生きた人でした。家で過ごすひととき、リルケの詩集をめくりながら、バラの美しい言葉を探してみませんか。

▼幸せを願うすべての人に、大切な人の誕生日に。同色の濃淡でまとめたバラの花束を。

Column 2

映画の中の素敵な花の届け方

花を贈るとき贈られるとき、お互いに、大切な思い出になります。映画には花の名シーンが様々にあります。花に託した思いが届くように、相手の心に残る渡し方のヒントにしてください。

愛の告白には『ビッグ・フィッシュ』(2003年/米)が最高です。ひとめぼれした女性にプロポーズする場面。彼女が好きな水仙の花を、家の前いっぱいに植えて、花畑の中で愛を語ります。辺り一面に広がる黄色の水仙はまぶしく、2人の未来を輝かせるようです。現実には花を植えるのは難しいですが、映画のように、相手が好きな花を、両手いっぱいに抱えきれないほどの花束にして贈ったら、相手は心ゆさぶられると思います。

バラの贈り方は『今夜、ロマンス劇場で』(2018年/日)が素敵です。青年がひざまずいて、憧れの女性に一本の赤いバラを手渡し、愛を告げます。まさに王子様からお姫様への渡し方。照れないで、トライしてみては？　恋人と仲直りしたいときには『プリティ・ウーマン』(1990年/米)のリチャード・ギアのように、真紅のバラの花束を。『マンハッタン花物語』(1995年/米)では、好きな女性を怒らせたと思った花屋の青年が1時間ごとにバラの花束を配達して、相手の部屋をバラでいっぱいに。ピンチのときこそ、愛の絆を結ぶ力がバラにはありますね。

映画は花を部屋に飾るときの参考にもなります。『華麗なるギャツビー』(2013年/米)では部屋中に飾られたランの花がおもてなしの役目をします。家族の誕生日や合格祝いなどに、シンビジウムやデンファレなどをどっさり飾って、お祝いの気持ちを伝えましょう。

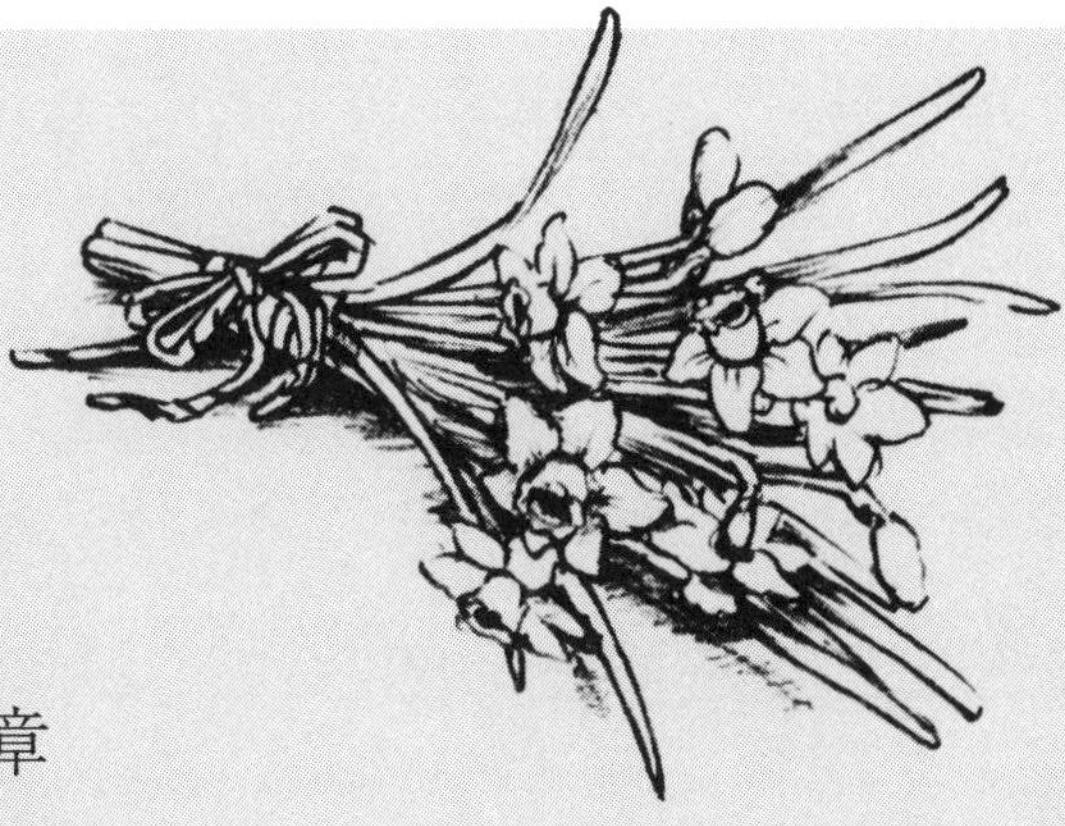

第3章

心を届けたい花の名言

花

見たいと願う人のそばには、どこかに必ず花が咲いている

アンリ・マティス（一八六九〜一九五四）

花言葉

希望

PROFILE

フランスの画家。裕福な家庭に生まれ、法律家として働いていたが、画家に転向。大胆な色遣いで描く作品群はフォーヴィスム（野獣派）と呼ばれ、二十世紀前衛美術のリーダーとなる。最晩年、体が不自由になると色彩でデッサンする切り絵に熱中して作品を作ったり、部屋の壁に花型に切った紙を貼ったた。没年八十四歳。

幸せは今、ここにあることに気づいて

〃色彩の魔術師〃と呼ばれた画家マティスの言葉です。彼は家の中をあふれるほどの花で飾りました。テーブルの上には多種多様な鉢植えを置き、彼の背丈を越すほどの巨大な観葉植物を集め、まるで植物園のようだったと伝わります。庭に咲く花々は「キャンバスに色彩を構成する最高のお手本」と呼び、花の生命力を感じる絵を数多く描いています。

この言葉は〃あなただけの花をきっと咲かせることができる〃という希望のエール。花はすぐそばで咲いているのに気づかない、なんてことのないように。

「幸せは今、ここにある」と気づく大切さも知るマティスの言葉です。

マティスの絵の中に登場する花を贈るのはいかがでしょうか。ゼラニウムやケシの花、マグノリア（木蓮）。病気療養中の若い女性と一緒に描いたピンクのチューリップは、ちょっぴり落ち込んでいる友人に。また、青い背景の代表作「ダンス・オブ・ナスタチウム」をヒントに黄色い花に青いラッピングペーパーを選んだり、花の季節が終わったら花模様の雑貨を贈り物にするのもマティス流。彼の部屋は花柄のカーテンや絨毯など一年中、花がありました。「花の咲かない日はない」と教えてくれるマティスです。

▼夢を追いかける人、新しい春を迎える人へのエールに、誕生日や記念日の花束に。

花

あなたの微笑みから、一輪の花がほころぶ

――「メッセージ」

ティク・ナット・ハン（一九二六〜）

花言葉

心の平和

PROFILE

ベトナム生まれの禅僧。平和・人権活動家。平和とは気づき（マインドフルネス）を実践することと語り、日常での瞑想を提唱、指導する。一九六六年渡米、ベトナム戦争終結の和平提案を行う。現在、故郷で療養中。著書『微笑みを生きる』、『蓮華の瞑想』など。

寝室に好きな花を飾ろう

詩集『私を本当の名前で呼んでください』の中にある詩「メッセージ」の一節です。ティク・ナット・ハンはどんなときも〝微笑みに生きる〟ことを提案し、心の中に平和を育てる瞑想を指導している禅僧です。

「朝、微笑みながら一日を始めよう」。毎日の暮らしのなかで、心穏やかに微笑むことができる人は、自分だけでなく、周りのみんなを幸せにすることができる、と語っています。

あなたの微笑みからはどんな花が咲くでしょうか。自分らしい一輪の花を選んで、飾ってください。誰よりも、いちばんに笑顔にしたいのはあなた自身です。

彼は、寝室に〝微笑みを思い出すもの〟を置こうという提案もしています。寝室に好きな花を飾れば朝起きたとき、花が目に飛びこんできて思わずにっこり。微笑みながら、新しい一日が始まります。この名言から、大切な誰かを思い浮かべた人もいると思います。その人が思わず微笑むような花を贈りましょう。

ほっと優しい気持ちになる淡い色の美しい花、明るい笑顔が浮かぶ大輪の花。笑顔をなくした友人には、心に灯をともすようなオレンジ色の花を。

▼大切な家族や友人に、笑顔になってほしい人に。感謝の思いを伝えたいときにも花を。

美しいひと束の花を見て、患者たちが歓喜した姿を一生忘れない

――『看護覚え書』

フローレンス・ナイチンゲール（一八二〇〜一九一〇）

花言葉

感謝

PROFILE

イタリア生まれのイギリスの看護師。クリミア戦争で多くの看護婦を率いて傷病者を救護、伝染病が蔓延《まんえん》する野戦病院の改善に奔走し、わずか数か月で死亡率を半減させた。帰還後は病院、看護学校を設立。現代の看護教育の基礎を築き、看護師の社会的地位の向上に貢献した。没年九十歳。

医療の現場で働く方々に「ありがとう」を

花には病気の人を慰め、疲れた人を癒す力がある、とナイチンゲールは信じていました。彼女を一躍有名にしたクリミア戦争の陸軍病院では、看護師たちは早朝の散歩のとき、野の花を摘むことを習慣にし、傷ついた兵士たちのもとに届けました。そのときの様子を書いたのが、ご紹介した言葉です。花があると回復への足取りが早くなると実感し、帰還後も美しい色の花々を取り寄せては、ロンドンに設立した病院に飾りました。

もう一つご紹介したい言葉があります。看護師の仕事について語ったものです。「天使とは、花をまき散らしながら歩く者ではなく、患者を健康へと導くために、人が忌み嫌う仕事をきちんと果たし、しかもめったに感謝されない者のことです。彼らこそ、真の白衣の天使です」。

今こそ、医療従事者の方々に贈りたい言葉です。過酷な状況下で働く人たちに「ありがとう」の気持ちをつねに持ち続けたいと思います。医療の現場で働く家族、友人がそばにいらっしゃったら、感謝を込めて、花束を手渡してはいかがでしょうか。

花束を贈るとき、ナイチンゲールは色彩の美しい花を選び、いつもカードを添えました。

▼医療従事者の方々に感謝の花束を。看護師を目指す人への応援メッセージに。

花

いちばん大切なもの
花には、水。ひとには、言葉

――『風のことば　空のことば』

長田弘（一九三九～二〇一五）

花言葉

思い

PROFILE

詩人。福島市生まれ。平易な言葉で語りかけた散文詩集『深呼吸の必要』はロングセラーに。東日本大震災後、幼少期を過ごした故郷、福島への思いを綴った詩集『詩の樹の下で』を出版。詩集『人はかつて樹だった』『記憶のつくり方』、絵本『森の絵本』など。評論、翻訳でも活躍。没年七十五歳。

花束にメッセージ・カードを添えて

詩集『風のことば　空のことば』の一節です。副題「語りかける辞典」のとおり、今、生きていることに「ありがとう」と、自分に語りかけたくなる詩人の言葉です。

花は、水がないと枯れてしまいます。人は、言葉がないとどうなるでしょうか。

詩人の長田弘は「ことばはね、その人の器なんだ」と書いています。「どんな大きな思いも入れられる小さな器」。たとえば、「ごめんなさい」という言葉。一度口に出して言ってみると、思いが相手に伝わります。「そう言える自分をきっと好きになる」と詩人。

彼は花や木の生長に託して、人の心がほっとあたたかくなる詩をたくさん書きました。

花を贈るとき、「ひとには、言葉」を実践してみてはいかがでしょうか。花束にメッセージ・カードを添えて。「おめでとう」「応援しています」などごく普通の、小さな言葉でいいのです。大事なのは最後に必ず、あなたの名前を書くこと。名前も大切な言葉です。花は終わっても、カードは手元にあって、あなたの面影を相手の心に残すことができます。

花束を贈ることとは、心の中の言葉を伝えることです。

▼口に出して言う勇気がないとき、カードを添えて花束を。遠い場所にいる家族にも。

花の一つ一つが、自然が芸術家に語りかける愛の言葉です

オーギュスト・ロダン（一八四〇～一九一七）

花言葉

心で見る目

PROFILE

フランスの彫刻家。近代彫刻の父。写実の技法を駆使して、人間のあらゆる喜怒哀楽、生命の躍動を表現する独自の作風を確立。晩年を過ごしたパリのアトリエは現在ロダン美術館に。彫刻「考える人」の立つ前庭にはローズ・ガーデン。代表作「地獄の門」「カレーの市民」など。没年七十七歳。

美を見つける喜びを知る

ブロンズ像「考える人」で知られるロダンのインタビュー集『芸術』の一文です。

「芸術家は花と対話する」と語り、この言葉に続きます。ぼんやり眺めるだけでは平凡な花にしか映りませんが、「心としっかりつながった目」でよく見ると、「花はまるで友だちのように話しかけてきます」。茎の美しい曲線、花びらの今にも歌い出しそうな色彩、小さな芽でさえ、「万物の奥深くに隠された、果てしない力の秘密を語るのです」。

花と友だちのように語り合う感性をもっていたいと夢がふくらむ言葉です。

ロダンは世間の人々にこう語りかけています。「心でよく見て、美を見つける〝目〟をもっていると、自分の仕事を楽しむことができ、この世は幸福になります。「何よりも、あなたが苦しんでいるとき、親しい人に裏切られたときでも、運命の裁きに感激のまなざしを見出し、自分の心が豊かになる経験だとありがたく思うことができます」。

身に起こるすべてのことから〝美〟を見つける喜びを教えてくれるロダンです。

花の名前を限定されない一文は万能の贈る言葉です。あなたが今、いちばん美しいと感じる花を手にして、ロダンからのメッセージを大切な人に届けてください。

▼家族や友人に、アーティストに。「ロダン」という名前のピンク色のバラも素敵。

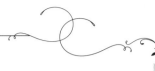

花

ことばを作り出す花のそばには沈黙の花が一本ずつ必要だ

――『平行植物』

レオ・レオーニ（一九一〇〜一九九九）

花言葉

沈黙

PROFILE

オランダ生まれの絵本作家。十四歳のときイタリアに移住。ファシズムの台頭により米国に亡命し、ニューヨークでグラフィックデザイナーとして活躍。孫のために作った『あおくんときいろちゃん』で絵本作家デビュー。四十冊以上の絵本を発表。『フレデリック』『スイミー』など。没年八十九歳。

何も言わないことも本心を伝える言葉

レオ・レオーニが絵本づくりをしながらもう一つ、夢中になっていたのは幻想の植物を創り出すこと。時間をかけて構想を練り、一九七六年、学術書の体裁で『平行植物』を出版しました。想像上の植物をまるでこの世に存在するかのように仕立てた本。この言葉は、彼が創り出した不思議な花が登場する「ワアクニがことばを作る話」の一文です。

ワアクニが大地を創造したとき、十個の音の種を蒔きました。春が来ると、赤、青、黄、白、黒とさまざまな色の花がたくさん咲きました。ことばをつくるための〝タワテの花〟です。しばらくすると、花も葉もない細長い茎が生えてきました。これは〝沈黙の花〟。雑草だと思った息子が引き抜くと、タワテの花が色を失うのを見て、ワアクニが言ったのがこのひと言です。ことばをつくり出す花と沈黙の花とは一体。語るのが言葉なら、何も言わないことも本心を伝える雄弁な言葉なのです。あなたが語る言葉を、伝えたい言葉をもっと磨きたいとき、思い出したいレオーニの言葉です。

この物語の花を想像して、色彩豊かな花々と細長いグリーンを一緒に飾っては。言霊の力が身につくかもしれません。葉ものはスチールグラス、オクラレルカなどがおすすめ。

▼新しい出会いを期待する門出のお祝いに、言葉を仕事にする人へのエールに。

ハナ《花》ニアラシ《嵐》ノタトエモアルゾ
「サヨナラ」ダケガ人生ダ

——『勧酒』

井伏鱒二（一八九八〜一九九三）

花言葉

厄除け

PROFILE

作家。広島県生まれ。『山椒魚』で文壇に認められ、『ジョン万次郎漂流記』で直木賞受賞。原爆を扱った『黒い雨』で野間文芸賞。庶民の日常的な視点の中に鋭い風刺精神をこめた独特の作風で作品を発表。旅行と釣りが好きで、絵、書、陶芸にも優れた作品を残す。没年九十五歳。

生きていれば別れも多い

井伏鱒二の『厄除け詩集』の一編。中国、唐時代の詩人、于武陵《うぶりょう》の四行詩「勧酒（酒を勧む）」を訳したものの後半の二行です。原文では「花発《ひら》けば　風雨多く／人生　別離足る」とあります。訳すと、「花が咲くとやたら風や雨が多いように、人が生きていればつらい別れも多い」。于武陵が人生をしみじみと語っているのに対し、井伏はきっぱりと、人生は「サヨナラだけ」だと言い切っています。

前半の二行は「コノサカヅキヲ受ケテクレ　ドウゾナミナミツガシテオクレ」。サヨナラだけが人生なのだから、今は一緒に楽しく飲もうよと語りかけています。目の前にいる人とも、今日が最後かもしれない。そんな思いで一瞬一瞬を過ごしたくなる「花」の言葉です。

別れのとき、旅立ちを見送るとき、この言葉を贈ってはいかがでしょうか。画家を志したこともある井伏が絵に描いた牡丹、紫陽花、アザミなどと一緒に。

井伏はこの詩集を六冊出版していますが、あとがきはどれも自嘲気味なつぶやきで、『厄除け詩集』を「自分の厄除札の代りにしたい」と書いています。井伏の言葉を人生の〝厄除け〟に、あるいは、しがない自分との〝縁切り〟に使うのもいいかもしれません。

▼旅立ちのときのエールに花束を。厄除け、縁切りの願いに花を飾って。

花

花のことは花に問え

一遍（一二三九〜一二八九）

花言葉

ありのままに

PROFILE

鎌倉中期の僧。時宗の開祖。伊予（愛媛県松山市）生まれ。法然の孫弟子、聖達上人に浄土教を学び、家も妻子も捨て、僧となる。念仏札「南無阿弥陀仏」を配り、踊り念仏をしながら、日本各地を布教して歩いた。弟子がまとめた『一遍聖絵』『一遍上人語録』など。没年五十一歳。

そのまま素直にながめてごらん

鎌倉時代の僧、一遍の言葉です。彼の生涯を絵巻物にした『一遍聖絵《いっぺんひじりえ》』に実際にあったという神秘的な出来事とともに書かれています。日本各地を旅して、踊りながら念仏を唱える「踊り念仏」を広めていた、ある年の三月。紫色の雲が湧き、空から花が降り始めました。その後もたびたび起こったため、弟子がなぜかと尋ねると、「花のことは花に問え、一遍は知らん」と答えました。空から降ってきた花は純粋な白と伝わります。

この言葉の受けとめ方は人それぞれだと思いますが、くよくよ悩みがちな人に、何かにすがってばかりいる人に贈りたい花の名言です。不思議なことが起きると、その理由をあれこれ考えたり、霊験あらたかに感じて、過剰にありがたがったりしがちです。一遍は、花が降ってきた、そのまま素直に眺めてごらんよ。ごちゃごちゃ考えるな、欲を捨てろ、執着を捨てろ。心の中にはいちばん大事なことだけを入れておけ。それが極楽往生への道と説いていると思います。一遍は「花」にたとえて、自分の思想をさまざまに語りました。「花は咲くときがきたら咲き、散るときがきたら散る。自然のままに、ありのままに生きなさい」。心が清められていくような白い花々をいつも身近に飾りませんか。

▼迷いの中にいる人に、純白の花束にこの言葉を添えて。

ちったお花のたましいは、みほとけさまの花ぞのに、
ひとつのこらずうまれるの

――「花のたましい」

金子みすゞ（一九〇三～一九三〇）

花言葉

優しい心

PROFILE

童謡詩人。山口県長門市生まれ。一九二三年頃から雑誌『童謡』などに作品を発表。日本海の豊かな自然に育ち、小さな命を愛おしむ作品が多い。代表作『わたしと小鳥とすずと』『大漁』など五百数篇。生家跡に金子みすゞ記念館（長門市）。没年二十六歳。

新しい花として再び咲く

〝花にも魂がある〟というみすゞの感性が心に優しく響く詩の一節。「ちったお花」を自分の魂にたとえてみると、み仏様が見守る花園で生まれ変われると希望を感じます。人生には心が散ってしまうときが多々ありますね。悲しみの心、傷ついた心をみ仏様が清めてくださって、新しい花として咲く自分になれるように思えてきます。みすゞの詩は続いて、「お花はやさしくて、おてんとさまが呼ぶときに、ぱっとひらいて、ほほえんで、蝶々にあまい蜜をやり、人にゃにおいをみなくれて」とあります。どんなにつらいことが続いても、人に優しい自分であるようにと無心に咲く花が教えてくれるようです。

みすゞの言葉を胸に、花を飾ってはいかがでしょうか。ポピー、トルコギキョウ、バラなど、散る姿が美しい花の移り変わりを楽しんで。花が終わる頃、水をはったお皿に花びらを浮かべるのも素敵な飾り方です。

大切な人に「さよなら」を告げるときも心に沁み入る言葉です。故人を偲ぶ花には花期が長い花を。少しずつ開いていくユリ、ピンク色のカーネーション、ラン（シンビジウム）など。愛する人を亡くした友人には手入れがあまり必要のない花を選ぶのも思いやりです。

▼〝散った〟何かを抱える人に、大切な人とのお別れに、優しい色の花を。

花

蒔いたとおりに花が咲く

――『君に成功を贈る』

中村天風（一八七六〜一九六八）

花言葉

積極一貫

PROFILE

思想家、実業家、ヨガ行者。銀行頭取など実業界で活躍するが、四十代前半で社会的地位や財産を捨て、講演活動を開始。「積極一貫」を唱える人生成功の哲学は多くの人に生きる指針を与えた。著書『成功の実現』『盛大な人生』など。没年九十二歳。

自分の志が花を咲かせる

講演録を集めた本『君に成功を贈る』の一文から。この言葉に続き、「現在のあなた方の思い方、考え方がこれからの人生において、どんどん花が咲かせる」と語っています。

自分を信じて物事に立ち向かえば、勝利の花が咲く。不安に思えば、不安の花が咲く。ありがとうの気持ちをもてば、ありがとうの花があちこちに咲きます。何事も、自分の志が花を咲かせるのだと勇気が湧いてくる言葉です。

中村天風は〝人生成功の哲学〟を語り続けた思想家です。明るく朗らかに、「今日一日、怒らず、恐れず、悲しまず」。消極的な気持ちは追い出して、「積極一貫」で毎日を過ごしていると、思いどおりの理想の人生を生きられるようになると断言しました。教えを受けて後世に残る仕事をした人に実業家の松下幸之助、作家の宇野千代など大勢います。

心の中に不安や恐れがふくらむとき、この言葉を胸に花を飾ってはいかがでしょうか。曇った心がパッと晴れるような花を選んで。とてつもなく大きな夢を実現したいときにも天風の言葉が背中を押します。未来を信じて、心の中に〝成功〟の種まきをしましょう。

▼自分のために、エールを送りたい友人に、心が晴れやかになる花束を。

花はなぜうつくしいか
ひとすじの気持ちで咲いているからだ

――「花」

八木重吉（一八九八～一九二七）

花言葉

美しい心

PROFILE

大正から昭和初期の詩人。英語教師を続けながら、敬虔なキリスト者として詩作を続け、無名のまま結核で亡くなった。没後約二十年経って出版された詩集で広く知られるようになる。自然を見つめ、花を主題とした詩も多い。詩集『花と空と祈り』『秋の瞳』など。没年三十歳。

花は自分に戻るひとときをくれる

夭折した詩人、八木重吉の二行詩。これは結核の闘病中、筆をとるのも難しくなった頃、ただ一心に書かれたものです。気負うことなく、純粋に今を懸命に咲いている花。いつも美しいとばかりはいかない人間ですが、〃ひとすじの気持ち〃で生きる、すべての人に届けたい詩人の魂の言葉です。

重吉は、花に人の心を託した詩をいくつも書いています。黄色の菊が茎の上で花ひらく姿を見ると、「なくてはならぬものだけを残した」と書き、本当に大切なものは何かと問いかけます。夏の陽ざしに揺れる百日紅の花々は「そっと私の肩をたたくような」と、花が勇気をくれると感じます。「ねがい」という次の詩からあなたは、何を感じるでしょうか。

きれいな気持ちでいよう　花のような気持ちでいよう
報いをもとめまい　いちばんうつくしくなっていよう

花を一輪、身近に飾りましょう。花は美しく、静かな心で自分に戻るひとときをくれます。
▼自分のために優しい色の花を。大切な人には心洗われるような白や水色の花束を。

花

野に咲く花にも役目があります。この世に必要でない人はいません

美輪明宏（一九三五～）

花言葉

かけがえのない人

PROFILE

俳優、歌手。長崎市生まれ。十六歳で歌手デビュー。『メケメケ』が大ヒット、天性の美貌と独自のファッションで一世を風靡する。寺山修司主宰「天井桟敷」の舞台『毛皮のマリー』、三島由紀夫作『黒蜥蜴』は繰り返し上演。『ヨイトマケの唄』は世代を超えて愛されている。人生相談も定評がある。

花が咲く日は必ずくる

悩みを抱える人たちに向けて、美輪明宏が語った言葉の一つです。続けて、「それに気づくかどうか、が大事なのです」と呼びかけています。「世の中に存在する人間で、悩みのない人間など一人としていません。私もその一人です」。だからこそ、つらい思いはすべてプラスになる、いつか必ず花が咲くときがくると信じることが大切、と。

この言葉を知ると、野の花を見る目が変わると思います。春、野に咲く花はスミレ、アザミ、クローバー、ナズナ、オオイヌノフグリ。秋は野菊、吾亦紅《われもこう》、ミズヒキ、ホトトギス。道ばたや山道で思いがけず、小さな野の花を見つけたときの感動は、バラやユリを手にしたときのうれしさと変わらないと思います。雑草と呼ばれる花にも独特の美しさがあり、それぞれが自然界を担う一員。同じように、私たちも一人一人がかけがえのない生命です。

あなたはこの宇宙に必要な人ですよ、という野の花からのメッセージ。「これから花開き、実を結ぼうとするときにあきらめてはいけません」と励まします。自分を信じる気持ちがあふれてくる、この言葉を心にとめて、花を飾りましょう。

「花は優しい。見る人を慰めて、何も見返りを求めない」。

▼自分のために、野の花を摘んで。大切な人のために、その人に似た花を選んで花束に。

花

無視され、蔑《さげす》まれ、捨てられるときを経験して
はじめて大輪の花を咲かせる

平山郁夫（一九三〇〜二〇〇九）

花言葉

成功の実現

PROFILE

日本画家。広島県生まれ。重い原爆症と死への恐怖に苦しみながら制作した「仏教伝来」が高い評価を受ける。一九六六年東京芸大の遺跡調査団でトルコを訪問。平和への祈りを画家人生のテーマとして、カンボジア、サラエボなど戦地にもたびたび足を運び、作品を描いた。没年七十九歳。

諦めず、懸命に続けることの大切さ

仏教や遺跡、シルクロードをテーマに優れた作品を残した日本画の巨匠の言葉。

仏教が日本に根づくまで受難の時代を経たことを「人間も同じだ」と語り、この言葉に続きます。自分の人生で大輪の花を咲かせたいと願うすべての人に贈りたい言葉です。

平山自身、十五歳のとき広島で被爆し、後遺症を抱えながら制作した絵画「仏教伝来」で評価されるまで、苦しい時を過ごしました。その絵は、「ヒロシマへの鎮魂と、生命を希求してやまない今の心境とを同時に表現する絵を描きたい」と願い、「後世に残る作品を描かずに死んでなるものか」と一心に描いたと語っています。その後不思議なことに健康を回復し、晩年まで精力的に絵を描き続けました。どんなに苦しくても、誰に何を言われようと、成し遂げたいことがあるなら諦めず、懸命に続けることの大切さを知る言葉です。

自分の不甲斐なさに苦しむとき、他人の言葉に傷つくとき、この言葉を胸に花を飾る時間をつくってはいかがでしょうか。「いつか大輪の花を咲かすのだ」という情熱が燃え続けるように、大きな花を。平山が旅したアジアの花、ハイビスカス、蘭、プルメリアなど。

▼大輪の花を咲かせたいすべての人に。成功を目指す人への花束に。

花、光、月、夢。どんどん、わすれよう

――『手品師の帽子』

安野光雅（一九二六～二〇二〇）

花言葉

忘れてもいい

PROFILE

画家、絵本作家。島根県津和野市生まれ。小学校教師を経て、四十二歳のとき、『ふしぎなえ』で絵本作家デビュー。発見が楽しい『旅の絵本』シリーズ、数学絵本『ふしぎなたね』『天動説の絵本』など、海外でも評価が高い。一九八四年国際アンデルセン賞画家賞。没年九十四歳。

優しい色の花が心を空っぽにする

童話『手品師の帽子』の中で、主人公クライツが語った詩の一節です。私たちのまわりにあたりまえにあるものも、心に抱いた夢だって、どんどん忘れようと呼びかけています。この言葉を読んで思います。忘れるって、いけないこと？　最近、忘れっぽくなったと気に病んでいる人もほっとさせる言葉です。

このあとに続くのは、「恐い、淋しい、悲しい、恋しい。どんどん、わすれよう」。いやなことは忘れようというのはわかりますが、「恋しい」も忘れようと言うのです。

私たちは一日中、ぐるぐるといろんなことを考えています。だからときには、いいことも、悪いことも、何もかも忘れて空っぽになろう。自分の中から言葉を追い出して、心も頭も休めてあげようよ、そんなふうに主人公が語りかけているように思います。

ひとつの考えにがんじがらめになるとき、悩みがつきないとき、花を飾りましょう。淡い黄色、水色、クリームホワイトなど、心のごちゃごちゃを溶かしてくれそうな優しい色を、いい香りの花々を。忘れたいこと、忘れたくないこと、どちらもあるのが人生です。忘れることなんてできないから、大切な人に花を届けたいとも思います。

▼家族に、友人に、いい香りの花を。目の前から花が消えても、香りの記憶が心に残ります。

花

本当は野の花のように私たちも生きられるのです

柳澤桂子（一九三八〜）

花言葉

生きる力

PROFILE

生命科学者、歌人。東京生まれ。三十代で原因不明の難病を発病。発生遺伝学の研究に成果が出始め、国際的な活動を目前に再発し、断念。闘病生活を送りながら、サイエンスライターとして、「生命とは何か」を問う執筆を続ける。著書『卵が私になるまで』『二重らせんの私』など。

ありのままに受け入れて生きよう

般若心経を訳した著書『生きて死ぬ智慧』の序文に書かれた文章です。

野の花は毎年あたり前に、あなたのまわりで咲く花。オオイヌノフグリ、レンゲ、ナズナ、ヒメジョオンなどなど。春がくれば咲き、季節が過ぎれば枯れて、暖かくなったらまた咲いて、「春がきたよ」と教えてくれます。雨や嵐のときも、自然の中で咲いている花々。物事をありのまま受け入れて生きようと背中を押す、野の花の言葉です。

四歳の頃、桂子は植物学者の父親に尋ねました。「お花は切られても痛くないの?」。父親は「植物には神経がないから痛くない」と答えますが、「植物が悲しんでいる証拠を見つけたい」と野原や川原を歩き回りました。「花は苦しみを感じているかもしれない」と未来の生命科学者は思ったのです。苦しみは人それぞれです。他人にはささいな出来事がその人にとっては恐ろしいほど苦しくつらいということもあります。長い闘病生活を続ける桂子は気づきを得て、この本の一文に「苦の中にいて、苦のままで、幸せに生きられる」と綴りました。苦しみの中にいる友人に、この言葉を贈ってはいかがでしょうか。スミレ、忘れな草、ブルーベル など、素朴でかわいい野の花を小さな花束にして。
▼大切な人を励ましたいとき、背中を押したいときに。

花、無心にして蝶を招き
蝶、無心にして花をたずねる

良寛（一七五八～一八三一）

花言葉

無心

PROFILE

江戸後期の僧侶、歌人。曹洞宗。新潟県生まれ。日本各地を歩き、修行の旅をしたのち帰郷。お寺を持たず、山の中に小さな家を立てて暮らした。子どもと遊ぶことが好きで、外出時は手まりとおはじきを持って出かけた。和歌、漢詩、書に優れた作品を残す。詩集『草堂集』など。没年七十四歳。

むきになったり、悩んだりせず自然のままで

良寛の詩の一節です。花のまわりで蝶々がひらひらと舞っている。昔も今も、どこでも見られる風景ですが、あなたの心に浮かぶ花は何でしょうか。

花は、知らず知らず蝶々を招き、蝶々もただ自然のままに花に惹かれてやってくるよ、と良寛は言います。季節がくれば花が咲くのは自然のこと。きれいに咲いてやろうと頑張ったり、蝶々を引き寄せてやろうというエゴもないですね。蝶々もそうでしょう。同じように、人と人とが出会うのも、友だちになるのも、自然の流れにおまかせ。結ばれるものは自然に結ばれますよ。こうしよう、ああしようとむきになったり悩んだりせず、自然のままでいきましょうよ。ふっと肩の力がぬける、良寛の言葉です。

花を飾るとき、贈るとき、野山に咲く花を選んではいかがでしょうか。蝶々が好んで集まる花を紹介すると、春から夏には菜の花、ツツジ、都忘れ。初秋からは藤袴、萩、コスモス、彼岸花。山里の風景を写しとったようなミニ盆栽も贈り物にいいと思います。

良寛はいつもにこにこと笑っていて、子どもにも大人にも優しく、多くの人に慕われました。笑顔と一緒に届けたい、良寛の言葉です。

▼家族に、大切な友人に、野に咲く花をかごに入れて、和のアレンジメントを。

花

あなたの花は色づき、風と花々の喜び、あなたとともに育つ

――一九三八年十二月八日の日記

フリーダ・カーロ（一九〇七～一九五四）

花言葉

情熱的な愛

PROFILE

メキシコの画家。幼い頃、病気で右足が不自由になり、十八歳のときバス事故で瀕死の重傷を負う。肉体的な苦痛を抱えながら、多くの恋をし、情熱的に絵を描いた。二十歳年上の画家ディエゴ・リベラと二十二歳で結婚。離婚と再婚とを繰り返しつつ刺激し合った。自画像を多く残す。没年四十七歳。

あなたの喜びは私の喜び

二十八歳のとき、日記に書いた詩の一節です。〝あなた〟とは夫、ディエゴ・リベラ。十二月八日は彼の誕生日でした。二人は手紙のやりとりをよくしました。この詩は彼への返事の下書きといわれています。ディエゴを太陽のような輝く木にたとえ、「永遠の果樹の中で、あなたの果実は芳香を放つ」とこの言葉に続きます。フリーダとディエゴは傷つけ合いながらも強い絆で結ばれ、お互いにインスピレーションの源であり続けました。

愛する人に届けたい言葉です。「あなたの喜びは私の喜び」というメッセージを込めて。友人へのお祝いに「夢の果実が熟しましたね」と伝えたいときにもいいと思います。

メキシコの太陽を感じる暖色系の花々を集めた花束はいかがでしょう。たとえば彼女の作品から「生命の花」のユリ、ヒマワリ、サボテンの花。生涯手放せなかった医療用コルセットを埋めつくすように描かれた、情熱的な赤や黄色のバラを。オレンジやレモンなど南国のドライフルーツを加えるのも、エキゾチックで個性的な花束になります。

「絵に残せば花は死なないから」と花の絵をよく描き、自画像の髪にはいつも生花を飾りました。フリーダにとって、花は自らの命の輝きを象徴する存在でした。

▼愛する思いを伝えたいときに。感謝、祝福、門出のお祝いに。

Column 3

メッセージカードは〝言葉〟の贈り物

花を贈ることは、あなたのメッセージを贈ることです。花束に“言葉”を添える習慣をつけましょう。本書でご紹介した名言には、あなたの思いを代弁する言葉も多くあると思います。心にピンとくる名言を選んで、カードに書いてみてください。目的別の索引をご参考に。

ほんのひと言でも、心は伝わります。例えば、感謝の気持ちを伝えたいときは素直に「ありがとうございます」「Thank You！」。親しい友だちへのお祝いなら、「やったね！おめでとう」と声をかけるみたいに。花を贈りたいと思ったとき、いちばんに心に浮かんだ言葉をそのまま、シンプルに書くのがおすすめです。

心がけたいのは、メッセージの最後に必ず、自分の名前を書くことです。花はやがて枯れますが、カードはあとに残ります。小さなカードに、あなたの思いを乗せて、贈りましょう。

ネットショップでも、メッセージカードをつけることができます。ただし、記入欄に書いたとおりに印刷されますので、誤字・脱字がないか、とくに相手の名前に間違いがないかをよく確認してください。改行してほしい位置があれば、それも書いておくといいですね。

メッセージカードは相手との絆を結ぶ〝言葉〟の贈り物です。花束とセットで届けてください。

巻末資料&情報

Flower selection and flower gifts

花選びと花贈りQ&A

気になる名言を見つけたら、心にとめて花を飾ったり、花に添えて贈ったり、言葉も花も楽しんでいただきたいなと思います。自分のために花を買うのはとても素敵なこと。誰かのことを思い浮かべながら、ちょっと特別感のある花束を贈りたいな、と考えるのも幸せな時間です。

理想の花束を手に入れるためには、どう伝える？　予算は？　ネット通販の場合は？　お花屋さんに注文する前に、いくつかのポイントを考えておくだけで、仕上がりはぐっと変わってきます。

花の選び方と贈り方のコツをお話します。あなたらしい花束を作ってください。

取材協力／エステルフラワー

〈花を選ぶとき〉

Q　花を選ぶとき、知っておきたいことは？

A　一年中、手に入る花の種類

花束を飾りたい、贈りたいと思ったとき、四季に関係なく、いつでも手に入る花の種類を知っておくと便利です。一年を通して、出回る花の代表は、バラ、ダリア、ガーベラ、ユリ、カラー、キク、トルコギキョウ。ランの仲間のシンビジウム、デンファレ、胡蝶蘭など。五月の定番カーネーション、六月に咲くアジサイも、今は一年中、手に入る花です。

定番の形や色よりも珍しい色、咲き方のものを選ぶといいですね。おすすめはカーネーション、キク、ガーベラは安価で、個性的な品種が多い花。ボリュームを出したいとき、本数をたくさん買って、花束にしたり、花器にどっさり入れると素敵です。

Q　心に残る花の選び方は？

A　季節の花の先取りを

春夏秋冬の花材

春	チューリップ、スイートピー、パンジー、ヒナゲシ、スズラン、菜の花、フリージア、ラナンキュラス、桜
夏	ヒマワリ、アジサイ、シャクヤク、ストレリチア、アンスリウム、クチナシ、ラン、ヤシの葉
秋	コスモス、リンドウ、ケイトウ、ネリネ、ススキ、紅葉している葉・枝、秋色の花（茶系のバラ、ダリア、カーネーションなど）
冬	ポインセチア、シクラメン、シンビジウム、アマリリス、コットンフラワー、椿、梅、水仙、ヒヤシンス、ヒイラギ・モミなど常緑樹、千両、南天

花選びのコツは、実際に花が咲く時期より、ちょっと早めの季節の花を買うこと。例えば、十二月に水仙やパンジーを入れると春の訪れを感じますし、八月にコスモスを入れると秋風を呼ぶようです。

花を飾るとき、贈るとき、季節の先取りを心がけてみてください。花束の中に四季の花材を入れると、毎年、その花が咲くたびに、相手との思い出が蘇ります。贈ったほうも贈られたほうも、幸せをわかち合う季節になると思います。

Q　特別感のある印象にするには？

A　果実、大きな葉を入れると個性的に

花束に、実もの（果実）や葉ものを入れるとぐっと個性的な印象になります。ミニリンゴやベリー類、松ぼっくりなどの実ものは「実を結ぶ」という意味が加わり、お祝いや門出の花束にふさわしい花材です。

おすすめの実ものは一年を通して手に入るヒペリカム。ドングリに似た小さな実のなる植物で、赤色、黄色、緑色など色が豊富です。葉ものではヤシやモンステラ、ドラセナなどの大きな葉はエキゾチックなイメージに。ローズマリー、ミント、ゼラニウムなどハーブの葉を加えるのもすがすがしい印象になります。

オリーブは「平和と再生」、アイビーは「縁結び」、リンゴは「愛」など、植物のもつ意味から選ぶのもいいですね。自宅で花を飾るときも、実のついた花材や南国の葉を加えるとおしゃれな空間になります。

〈花を贈るとき〉

Q お花屋さんに行く前に考えておきたいことは？

A 誰に、どんな目的で、花の色など

相手を思い浮かべながら、こんな花束にしたい、と心の中でイメージしておくと、お花屋さんでスムーズに注文でき、理想の花束が手に入りやすいと思います。

「誰に、どんな目的で、どこで渡すのか？」お花屋さんに行く前に明確にしておきましょう。お祝い、感謝、特別な日の贈り物など、目的によって、花束のイメージは変わってきます。渡す場所によって、花束にしたり、そのまま置けるバスケット・アレンジメントにしたり、贈り方にも工夫ができます。また、贈りたい色、入れたい花の種類なども希望があれば、考えておくといいですね。

Q お花屋さんで伝えたいことは？

A 相手の年代、贈る目的、予算など

誰に、どんな目的で、いつ、どこで渡すのか、予算などを伝えましょう。「誰に」は年代（三十代前半、もうすぐ還暦など）、男性・女性、友人や恩師など関係性も伝えるといいですね。「目的」はお祝いなら入学式、誕生日、開店祝いなど具体的に。「いつ」は相手に渡すまでの時間がわかればベストです。店員さんは花選び、花もちの工夫をしてくださいます。「どこで」は花束にするか、花器に入ったアレンジメントにするかを考えるヒントになります。個展の会場、楽屋見舞いや開店祝いなどはそのまま置けるバスケット・アレンジメントのほうがいいですね。

Q　予算はどうやって決めたらいい？

A　一般的な花束で三千円前後を目安に

だいたいの目安として、三千円～四千円くらいを基本にするといいでしょう。個性的な花束にしたい場合は六千円くらいあれば、こだわりの花束を作れると思います。特別な日のお祝いや慶び事などは八千円から一万円で、見ごたえのある華やかな花束に。

大事なことは予算と注文のしかたとの組み合わせです。禁句は「安くて、大きく見栄えよく」。安価な花は手に入りやすい種類が中心となり、大きな花束にしようとするとありきたりな印象になりがちです。「大きさは気にしないから、〇〇円くらいで、素敵な花束に」と頼むと、予算内で、ちょっと珍しい種類の花を入れて、個性のある花束を作っていただけると思います。

Q　理想どおりの花束を贈るコツは？

A　自分好みのお花屋さんで注文すること

お花屋さんには個性があります。扱う花の種類やアレンジにもクセがあるので、自分好みのお花屋さんを探して、注文するといいでしょう。インターネットで、花束の写真をチェックするといいですね。気に入った花束の写真をもとに、こちらの希望を伝えると、理想の形に近づきます。街中で、おしゃれなお花屋さんを探すコツは、葉もの（グリーンの葉）、実もの（果実）を多く扱うお店は、花のアレンジもラッピングも上手なことが多いですよ。

Q　季節感を出したいときの注意点は？

A　「夏のイメージで」、「秋らしく」、と伝えましょう

花の咲く時期と、お花屋さんに出回る時期は異なるので注意が必要です。店頭に並ぶのは実際に咲く時期より早い花です。例えば、八月に「季節の花でお願いします」と言って注文すると、コスモスやリンドウなど秋の花材が中心になることもあります。伝え方のコツは、「夏のイメージで」「夏らしく」と言うこと。すると、店頭に夏の代表、ヒマワリがない場合でも、夏らしい色の花材（例：オレンジ色のランやガーベラなど）、モンステラやヤシなど熱帯の葉で、真夏の太陽を思わせる組み合わせができます。

Q　贈りたい色を伝えるコツは？

A　形容詞で色の傾向を伝える

贈りたい花束の色はある程度、考えておきましょう。暖色系、寒色系とざっくりでもいいですが、淡くて優しいピンク系、大人っぽいローズピンク系、イエロー寄りの元気なオレンジ系など。色の印象を形容詞で伝えると、作ってほしい花束の印象も伝わりやすいです。また、グリーンの葉を多く、赤い実をアクセントに、といったお願いも、希望の色と一緒にするといいですね。

Q　理想の形を目指すには？

A　店頭にある花束を基本にお願いする

お花屋さんの店頭には、ワンコインの花束から三千円くらいの手頃なもの、様々な大きさの花束が並んでいます。理想に近い花束を基本にして、「この花束のイメージで、大きさを二倍くらいに」「このブーケを〇〇系の色で」など希望を伝えるといいですね。具体的なアレンジが目の前にあると店員さんは作りやすいのです。

Q　ネットショップでの上手な買い方は？

A　到着までの日数に余裕を見て注文を

インターネットでの購入は、店員さんと直接会

話はできませんが、完成形に近い状態が写真で見られるので、安心な注文方法です。注文ごとに作られていますので、備考欄に追加の希望を書いておくと、お願いを聞いていただける場合もあります。

　例えば、「飾りのグリーンは少なめに」とか、「母の誕生日の贈り物です」など目的を書いておくのもいいですね。ショップによっては個別のお願いはできない場合もありますので、通販の条件を確認して、注文してください。

　ネット注文でいちばん気をつけたいのは到着日。母の日や父の日など注文が集中する時期は当日に間に合わない場合があります。早めに注文して、記念日に到着するように期日指定しましょう。

〈贈り方のマナー〉

Q　お悔やみのとき、贈りたい花は？

A　花の形が変わりにくいユリやランなど

　ご遺族に贈る花は長く咲き続ける花がいいですね。時間がたっても花の形が変わりにくいキク、時間の経過を感じさせるユリ、高貴な印象のランなど。大切な人を亡くされたご遺族の心を長く慰めてくれます。

　大切なことは、ご遺族の負担にならないように心がけることです。届いたらそのまま飾れるバスケット・アレンジメント、スタンドタイプを用意しましょう。花の色は白だけでもいいですし、水色や紫の花を差し色に加えるのもいいですね。

　例えば、青いデルフィニウム、紫のトルコキキョウ、白の胡蝶蘭など。避けたいのは花期が短い花。開花するにつれて花の形が崩れたり、花びらがハラハラと散るチューリップや芍薬、トゲのあるバラなども避けたいですね。

Q　お見舞いの花束、注意したいことは？

A　手入れ不要のバスケット・アレンジメントを

お見舞いには花器が必要な花束よりも、そのまま飾って、枯れたら花器ごと捨てられるバスケット・アレンジメントがおすすめです。ベッドサイドにちょこんとおいて楽しめる、小ぶりのものを。相手やご家族の負担にならないような心配りをしたいですね。

花の色は、黄色やオレンジ系などビタミンカラーの色。太陽を感じさせて、健康的なイメージがあり、元気が出てきます。赤系を贈りたい場合、真っ赤は強すぎるので、朱色系やサーモンオレンジ、など強すぎない暖色系の花を。仕上げに、グリーンの葉を加えると、生き生きとした生命力が感じられ、病室が明るい印象になります。

ただし、病院や高齢者施設などでは生花の持ち込み禁止のところも増えていますので、確認をしてから持参しましょう。

Q　お見舞いに避けたい花は？

A　香りの強い花、鉢植えの花、寒色系の花

ユリやストックなど、香りが強い花。また、頭がポトンと落ちる椿の仲間。花の名前が不安をあおるサイネリア（シネラリア）、シクラメンなども避けましょう。鉢植えの花は「根つく＝寝つく」と言って、昔からお見舞いのタブーです。

色選びも注意が必要です。避けたいのは、白、紫、ブルーなどの寒色系。健康なときは美しく見える色合いも、体調が優れないときは気持ちが沈んだり、体がひんやりする感覚があります。

相手が好きな花が寒色系で、花束に入れたい場合は、淡いオレンジやピンクなど暖色系の花をメインにして、一～二本足すくらいがいいと思います。

〈花を飾るとき〉

Q 切り花を長持ちさせるコツは？

A 水替えは毎日が理想です

名言を心にとめて、切り花を飾るとき、長い期間、咲いていてほしいと思いますよね。

コツは花器の水替えを毎日行うこと。水の中に雑菌が繁殖すると茎が傷み、水を吸い上げる力が弱くなって、長持ちしにくくなります。バスケット・アレンジメントの場合は花に直接水をかけず、オアシス（吸水スポンジ）に水を差すこと。

水をいつも清潔にしておくことで、心も浄化されるように思えます。また、風通しのよい場所に置くと、花は喜び、長持ちします。切り花は生きています。花咲く力を長くキープする手助けをしましょう。

Q 切り花を飾る前にしたいことは？

A 水の中で茎を切り、水揚げを

切り花を買ってきたら、まず、茎を束ねたゴムやひもを外しましょう。そして、茎の先端をカットして水揚げをすると、水を吸い上げやすくなり、長持ちします。方法は簡単。水を入れた容器の中で、切り花の茎を斜めにカットします。枝もの（桜や梅など）は枝の先端に十字型にハサミを入れます。

どちらの場合も、茎や枝の断面は乾燥に弱いので、水の中で行うことがポイントです。数日たって、しおれかかったときも、茎の先端を1センチくらい切ると水をしっかり吸い上げて、花びらはふわりと元通り、元気を回復することがほとんどです。

Language of flowers

一般的な「花言葉」

～幸せを呼ぶ花を中心に～

●おめでとう

花の名前	花言葉	由来・エピソード・目的
アイリス（アヤメ）	メッセージ、よい知らせ	ギリシャ神話に登場する虹の女神イリスの花。神の言葉を伝える役目から花言葉に。新しい一歩を踏み出す人に。
ウメ	吉祥、長寿	寒い時期に花を咲かせ、いち早く春を告げるため。五枚の花びらは五福を表す。門出や尊敬する人の誕生日など。
カラー	清浄、純粋	花びらに見える仏炎苞の白の美しさから結婚式のブーケ、結婚記念日のお祝いに。黄色、紫色は大人っぽい印象に。
サクラ	精神の美、潔さ	春を呼ぶ神の依り代として、日本の精神性を象徴する花。「潔さ」は散り際のよさから。春のお祝い事全般に。
スズラン	幸運の再来、純潔	春を告げる純白の花。花を受け取った人に幸福が訪れる。五月一日「スズランの日」は愛する人に贈りたい。
ダリア	華麗、吉祥	色鮮やかな大輪の花を咲かせる姿から。中国ではおめでたい花の代表。豪華なお祝い花を求めるなら巨大輪を。
ユリ	純潔、繁栄	香り豊かな、純白の花。聖母マリアの花の一つ。開店祝い、個展や舞台など成功を祝福する花束に。
ラン	栄誉、品格	ランを贈ることは相手の栄誉を称えること。中国では縁起のよい花の代表。特別なお祝い事に。ランとキクで出世祈願。

本書の名言ページで掲載した花言葉は、それぞれの名言の意味や人物のエピソードをもとに選んだものです。ここでは、ごく一般的な花言葉をご紹介します。お花屋さんで手に入りやすい花で、古代から〝幸せを呼ぶ花〟といわれるものを中心に選びました。

● ありがとう

カーネーション	深い愛情、母への感謝	母の日の始まりに贈られた花。よい香り、重なる花びらが喜びをもたらす。うれしい気持ちと感謝を伝えたい相手に。
カンパニュラ（ホタルブクロ）	感謝、美	女神ヴィーナスの鏡から生まれた花。教会の鐘に似た形から神への感謝を表す。感謝の思いを伝えたい花束に。
ゼラニウム	尊敬、愛情	バラやフルーツなどの香りを放つハーブ。預言者ムハンマドの伝説が由来。花束に葉を添えるとさわやかに。

● エールを送ります

キキョウ	誠実、守護	美しい紫色、品のよい立ち姿から誠実な人を表す。陰陽師、安倍晴明の神紋。魔除けの花として。
キク	高貴、無病息災	花びらは古来、不老長寿の妙薬。花の黄色は富と豊穣の象徴。「応援しています」と伝えたい人にポンポン菊などを。
グラジオラス	戦闘準備完了、用心	葉が刀に似ているため、「武装は整った、戦いに油断は禁物」を意味する。競技や試験など勝負に出る人に。
スイートピー	門出、旅立ち	花びらの形が蝶の飛び立つ姿を思わせることから。新しい場所で生きる人に、この花だけの花束を。
ボタン	富貴、吉祥	花びらの優雅さから富と繁栄をもたらす花の王様。成功を祈るとき、鉢植えのボタンを。赤、黄色、紅白など。
ミモザアカシア	繁栄、友情	黄金色の花を枝いっぱいに咲かせ、繁殖力の旺盛さが由来。トゲがあるため魔除けにも。エールの花束に。
ゲッケイジュ	成功、栄光	古代ギリシャ・ローマ時代から「成功」のシンボル。花束に添えたり、リースを飾るのも「栄光」を導く意味に。

●元気を出して

ガーベラ	希望、神秘	放射状の花びらは希望の光。明るい色やかわいい形を見ると前向きな気持ちに。色違いで束ねるのがおすすめ。
ポピー（ヒナゲシ）	慰め、思いやり	ギリシャ神話で神々が女神デメテルの悲しみを癒した花。つぼみを多めに選ぶと開花に喜びを感じる花束に。
バラの実	愛情、実り	バラの花と同様、愛の象徴。赤い実がついた小枝を加えると明るく元気な花束に。実ものは「願いが実る」という意。

●ごめんなさい

ムスカリ	許す心、謝罪	西欧では青みをおびた紫色が悲しみ、高貴さを表すため花言葉に。謝罪し、再び絆を結びたいときに。
ベリー	良心の呵責、治癒	バラ科のラズベリーなどのトゲは悪意を秘めるとされたため。関係を修復したいとき、ツルや実を花束に添えて。
オリーブ	平和、再生	聖書のノアの箱舟伝説から平和の象徴。小さな白い花が咲く。仲直りをしたい相手への花束の中に小枝を。

●愛しています

アジサイ	辛抱強い愛、移り気	花期が長いことからこの花言葉に。今は一年中出回り愛情を伝えたい花束に。「移り気」は花の色が変化するため。
ジャスミン	貞節、官能	清楚な白い花でありながら濃厚な香りを放つことから。ツル性植物でご縁をつなぐ。花束に小枝を添えて縁結びに。

スミレ	謙虚、貞節	小さな花が首を傾けて咲く姿から。ナポレオンが皇后ジョゼフィーヌに贈り続けた花。伴侶や恋人の誕生日に。
チューリップ	愛の告白、幸福	恋心ゆえ焦げて黒くなったとされる球根の色から。花の形は幸福のゆりかご。「幸せにします」という思いを花束に。
バラ	愛、美	愛と美の女神ヴィーナスと一緒に生まれた花。紀元前から愛の象徴。一〇八本のバラは「結婚してください」。
パンジー	もの思い、キスして	三色の花が考え事にふける人の顔に似ているため。西欧にはキスにまつわる異名が多数ある。恋心を伝えたい。

●絆のしるしに

ツバキ	控えめな優しさ、良縁	美しい花なのに香りがないため。古来神聖な呪力を持つとされ、縁結びのご神木が多い。良縁の導きとして。
ヒマワリ	太陽、あなただけを見つめる	花びらの黄色、形。太陽を向いて咲くと信じられことから。友人、応援したい人、絆を結びたい誰にでも。
ポインセチア	祝福、幸運を呼ぶ	上から見ると中心が星の形に見えるため。中南米では先住民の薬草で、古代から聖なる花。幸せを願う相手に。
マリーゴールド	陽気、長寿	太陽に似た黄色やオレンジ色で花期が長いため。和名は万寿菊、千寿菊。絆が長く続くことを願って。
アイビー	友情、幸福	ツル性植物で他のものに巻きついて伸びる性質から、ご縁を結ぶ友情の印。幸福を願って、小枝を花束にプラス。

大切な人に心を届ける特別な日として、世界中に花を贈る習慣があります。季節ごとに、花を選んで贈りませんか。

10月31日　ハロウィン〔西欧〕

古代ケルトの収穫祭の名残り。この日に出現する悪霊や妖怪から身を守るため、お化けに見立てたのがカボチャですが、バラなどトゲのある花を飾るのも魔除けになります。

11月22日　いい夫婦の日〔日本〕

パートナーに愛する思いを伝える日。11（いい）22（ふうふ）の語呂合わせが由来。愛を象徴するバラ、赤やピンク色のガーベラなど、暖色系の花束が愛情を伝えましょう。

12月24日　冬至祭（クリスマス・イブ）〔西欧〕

古来、西欧では冬至の日、家族の健康と幸せを願い、常緑樹を家の中に飾る風習がありました。クリスマスに向けて、ベツレヘムの星を思わせるポインセチア、モミなどを。

Anniversary of presenting flowers

世界の花を贈る記念日

3月8日　ミモザの日（国際女性デー）〔**イタリア**〕

男性が母親や妻、恋人に感謝を込めて、ミモザの花を贈る日。女性同士で贈り合うのも素敵です。ミモザの花束はドライフラワーも美しいので、永遠の愛を届けたい人に。

4月23日　サン・ジョルディの日　〔**スペイン**〕

男性から女性にバラを、女性から男性に本を贈る日。サン＝ジョルディ（Sant Jordi）はカタルーニャ地方の守護聖人。作家の名言から本を選び、バラを添えてはいかが？

5月1日　スズランの日（JOUR des MUGUETS）〔**フランス**〕

大切な人やお世話になっている人にスズランを贈る日。花を贈られた人に幸運が訪れるといわれます。小さな白い花束は香りもよく、幸せな気持ちに。別名「ミュゲの日」。

5月14日　ローズ・デー　〔**韓国**〕

恋人にバラの花を贈る日。韓国では日常のデートでも花を贈る文化がありますが、この日は特別。バラにプラスして、石鹸でできた花やキャンディーの花束などでひと工夫。

6月12日　恋人の日　〔**ブラジル**〕

恋人同士や家族が写真を入れたフォトフレームを贈り合い、愛情を深める日。花と一緒に贈る人が増えています。縁結びの神様、聖アントニオの命日の前日にあたる日。

【愛を伝える（告白、伴侶への愛）】

【旅立ち・お別れ】

【絆を結ぶ（誕生日に、元気出して）】

【生きる喜びを伝える】

目的別 索引

バラ、チューリップ、スイセン、パンジー、
ブルーベルなど、門出のお祝いに贈りたい花束。
愛、幸福、春の訪れを約束する組み合わせです。

季節別 索引

春の花名言

夏の花名言

秋の花名言

冬の花名言

一年中、手に入る花の名言

どんな花でも贈れる花名言

人名 索引

『ふわふわ』谷川俊太郎、工藤直子著（スイッチ・パブリッシング, 2018）
『ツタンカーメン発掘記』ハワード・カーター著、酒井傳六、熊田亨訳（筑摩書房, 1971）
『沈黙の春』R・カーソン著、青樹簗一訳（新潮社, 2003）
『センス・オブ・ワンダー』R・カーソン著、上遠恵子訳（新潮社, 1996）
『「知の再発見」双書 142 フリーダ・カーロ』C・ビュリュス著、堀尾真紀子監修（創元社, 2008）
『アーティストの手紙』マイケル・バード著、大坪健二訳（マール社, 2020）
『J・ポロックとリー・クラズナー』イネス・J・エンゲルマン著、杉山悦子訳（岩波書店, 2009）
『クレーの日記』パウル・クレー著、高橋文子訳（みすず書房, 2018）
『イメージの博物誌―生命の樹』ロジャー・クック著、植島啓司訳（平凡社, 1995）
『ゲーテ格言集』ゲーテ著、高橋健二訳（新潮文庫, 2016）
「論文 ゲーテと植物Ⅰ」長田敏行著（小石川植物園後援会, 2005）
『奇跡の人　ヘレン・ケラー自伝』ヘレン・ケラー著、小倉慶郎訳（新潮文庫, 2018）
“The Story of My Life” Helen Keller (Dover Publications, inc, 1996)
「ファン・ゴッホ美術館」公式サイト http://www.vangoghletters.org/vg/letters.html
「SANPO 美術館」公式サイト https://www.sompo-museum.org/
『ゴッホのひまわり 全点謎解きの旅』朽木ゆり子著（集英社新書, 2014）
『新訂 山家集』佐佐木信綱校訂（岩波文庫, 1999）
『詩集　念ずれば花ひらく』坂村真民著（サンマーク出版, 1999）
「坂村真民記念館」公式サイト http://www.shinmin-museum.jp/
『新編　日本古典文学全集 62 義経記』梶原正昭校注・訳（小学館, 2000）
『百歳の力』篠田桃紅著（集英社, 2015）
『一〇三歳、ひとりで生きる作法』篠田桃紅著（幻冬舎, 2015）
『百日紅（一）』杉浦日向子著（実業之日本社, 1990）
『KAWADE 夢ムック　杉浦日向子　江戸から戻ってきた人』（河出書房新社, 2018）
『季題別　鈴木真砂女全句集』（角川学芸出版, 2010）
『銀座に生きる』鈴木真砂女著（角川書店, 2000）
『「知の再発見」双書 87 シャガール』ダニエル・マルシェッソー著、高階秀爾監修（創元社, 1999）
『シェイクスピア全集　ロミオとジュリエット』小田島雄志訳（白水社, 2000）
『シェイクスピア花苑』金城盛紀著（世界思想社, 1990）
『ココ・シャネルの言葉』山口路子著（大和書房, 2017）
『ココ・シャネル』クロード・ドレ著（サンリオ, 1989）
『詩集　帆船のように』J・シュペルヴィエル著、後藤信幸訳（国文社, 1985）
『スティーブ・ジョブズ全発言―世界を動かした 142 の言葉』桑原晃弥著（PHP 研究所, 2011）
『世界現代詩文庫 29 シンボルスカ詩集』つかだみちこ訳（土曜美術社, 1999）

出典・参考文献

『瞳子、花あそび。』安達瞳子著、中川十内撮影（文化出版局 , 1991）
『手品師の帽子』安野光雅著（ちくま文庫 , 1992）
『茨木のり子全詩集』茨木のり子著（花押社 , 2010）
『井伏鱒二全詩集』井伏鱒二著（岩波文庫 , 2018）
『漢詩を読む3　白居易から蘇東坡へ』宇野直人、江原正士著（平凡社 , 2011）
『一遍聖絵』聖戒編、大橋俊雄校注（岩波文庫 , 2019）
『一遍上人語録 付播州法語集』大橋俊雄校注（岩波文庫 , 2017）
『一遍　読み解き事典』長島尚道、髙野修、砂川博他編著（柏書房 , 2014）
『幸福は幸福を呼ぶ』宇野千代著（集英社文庫 , 2004）
『薄墨の桜』宇野千代著（集英社文庫 , 2004）
『私　何だか　死なないような気がするんですよ』宇野千代著（集英社文庫 , 2005）
『画室の中から 正・続』小倉遊亀著（中央公論美術出版 , 1980）
『生誕 110 年記念 小倉遊亀展』日本経済新聞社編（日本経済新聞社 , 2005）
『風のことば　空のことば』長田弘著（講談社 , 2020）
『雨の言葉』ローゼ・アウスレンダー著、加藤丈雄訳（思潮社 , 2007）
「論文　ローゼ・アウスレンダー　ツェラーンとの出会い」北彰著
『偉大なワンドゥードルさいごの一ぴき』ジュリー・アンドリュース著、岩谷時子訳（TBS ブリタニカ , 1979）
『天才たちの日課　女性編』メイソン・カリー著、金原瑞人他訳（フィルムアート社 , 2019）
『カップルをめぐる 13 の物語』ホイットニー・チャドウィック他編、野中邦子他訳（平凡社 , 1996）
『ジョージア・オキーフ　人生と作品』チャールズ・C・エルドリッジ著、道下匡子訳（河出書房新社 , 1993）
『若草物語』L・M・オルコット著、松本恵子訳（新潮文庫 , 2004）
『空のかあさま　金子みすゞ全集Ⅱ』金子みすゞ著（JULA 出版局 , 1999）
『金子みすゞの 110 年』矢崎節夫監修（JULA 出版局 , 2013）
『金子みすゞ童謡集　わたしと小鳥とすずと』金子みすゞ著（JULA 出版局 , 1984）
『川端康成全集　第 1 巻』川端康成著（新潮社 , 1981）
『掌の小説』川端康成著（新潮文庫 , 2011）
『たいせつな一日』岸田衿子著（理論社 , 2005）
『知られざる魯山人』山田和著（文藝春秋 , 2007）
『別冊太陽　日本のこころ 275　永遠なれ魯山人』山田和監修（平凡社 , 2019）
『名作童謡　北原白秋 100 選』北原白秋著（春陽堂書店 , 2005）
『園芸植物名の由来』中村浩著（東京書籍 , 1998）
『のはらうたⅢ』工藤直子著（童話屋 , 1999）

『萩原朔太郎全集』1、2、3、14、15 巻、補巻　萩原朔太郎著（筑摩書房）
『心にのこる仏たち』平山郁夫著（講談社 , 1995）
『長い旅の途上』星野道夫著（文藝春秋 , 1999）
『旅する木』星野道夫著（文春文庫 , 1999）
『知っておきたい日本の名言・格言事典』山本博文他著（吉川弘文館 , 2005）
『武士と世間』山本博文著（中公新書 , 2003）
『堀文子画文集 1999 〜 2009』堀文子著（小学館， 2009）
『ひまわりは枯れてこそ実を結ぶ』堀文子著（小学館 , 2017）
『本田宗一郎　不可能を可能にする言葉』梶原一明著（KK ロングセラーズ , 2007）
『やりたいことをやれ』本田宗一郎著（PHP 研究所 , 2005）
『庭師事の愉しみ』ヘルマン・ヘッセ著、岡田朝雄訳（草思社 , 1996）
『たんぽぽのお酒』レイ・ブラッドベリ著、北山克彦訳（晶文社 , 1971）
『オードリー at Home』ルカ･ドッティ著、網野千代美訳（フォーイン スクリーンプレイ , 2019）
『オードリー・ヘップバーン 上・下』パリー・ハリス著、永井淳訳（集英社 , 2001）
『妖精のキャラバン』ビアトリクス・ポター著、久野暁子訳（福音館書店 , 2000）
『ビアトリクス・ポターが愛した庭とその人生』マルタ・マクドゥエル著、宮木陽子訳（西村書店 , 2016）
『牧野富太郎　なぜ花は匂うか』牧野富太郎著（平凡社 , 2016）
『松尾芭蕉全発句集』永田龍太郎編著（永田書房 , 2003）
『道をひらく』松下幸之助著（PHP 研究所 , 1968）
『花より花らしく』三岸節子著（筑摩書房 , 1991）
『三岸節子画文集　未完の花』（文藝春秋 , 1994）
『人生をいじくり回してはいけない』水木しげる著（日本図書センター , 2010）
『水木しげるのラバウル戦記』水木しげる著（筑摩書房 , 1994）
「論文 水木しげるの戦い─戦争観と天皇観の超克」本間光徳著（日本研究センター教育研究年報第 8 号 , 2019）
『紫の履歴書』美輪明宏著（水書坊 , 2008）
「美輪明宏」公式サイト https://o-miwa.co.jp/
『板画の道』棟方志功著（宝文館 , 1956）
『生誕百年記念展　棟方志功』棟方令明監修（NHK 仙台放送局他 , 2003）
『新編　日本古典文学全集 20　源氏物語 1』紫式部著（小学館 , 1994）
『源氏物語の歌ことば表現』小町谷照彦著（東京大学出版会 , 1984）
『新潮日本文学 1　森鷗外集』（新潮社 , 1971）
『特別展　鷗外の＜庭＞に咲く草花』森鷗外記念館編（文京区立森鷗外記念館 , 2017）
『アニアーラ』H・マーティンソン著、児玉千晶訳（思潮社 , 2014）

『終わりと始まり』W・シンボルスカ著、沼野充義訳（未知谷, 1997）
『地球はまるい』G・スタイン著、落石八月月訳（ポプラ社, 2005）
『太宰治全集3』太宰治著（ちくま文庫, 1988）
「論文 太宰文学における「花」」松田智子著（『太宰治論集 第2期 作家論篇』第7巻, ゆまに書房, 1994）
『竹久夢二　乙女詩集・恋』石川桂子編（河出書房新社, 2008）
『日本の名随筆Ⅰ 花』宇野千代編（作品社, 1994）
『蘭におもう』陳舜臣著（徳間文庫, 1986）
『さくら・桜・サクラ66』東松照明著（ブレーンセンター, 1990）
『神曲　天国篇』ダンテ著、壽岳文章訳（集英社, 1976）
『神曲　完全版』ダンテ著、平川祐弘訳（河出書房新社, 2010）
『神曲　天国篇』ダンテ・アリギエリ著、原基晶訳（講談社学術文庫, 2014）
『一流デザイナーになるまで』クリスチャン・ディオール著、上田安子他訳（牧歌舎, 2008）
『クリスチャン・ディオール』マリー＝フランス・ポシュナ著、髙橋洋一訳（講談社インターナショナル, 1997）
「ディオール」公式サイト https://www.dior.com
『エミリー・ディキンソン詩集1』谷岡清男訳（ニューカレントインターナショナル, 1987）
『星の王子さま』S・テグジュペリ著、内藤濯訳（岩波書店, 1977）
『星の王子さまの誕生』ナタリー・デ・ヴァリエール著、山崎庸一郎監修（創元社, 2000）
『私を本当の名前で呼んでください』ティク・ナット・ハン著、島田啓介訳（野草社, 2019）
『微笑みを生きる』ティク・ナット・ハン著、池田久代訳（春秋社, 2002）
『ターシャ・テューダーの言葉　思うとおりに歩めばいいのよ』食野雅子訳（メディアファクトリー, 2002）
『ターシャからの手紙』アン・K・ベネデュース著、食野雅子訳（メディアファクトリー, 2009）
『マザー・テレサ　愛の軌跡』ナヴィン・チャウラ著、三代川律子訳（日本教文社, 2001）
『マザー・テレサ　あふれる愛』沖守弘著（講談社文庫, 1984）
『ちくま日本文学全集 永井荷風』永井荷風著（筑摩書房, 1992）
『中川幸夫作品集 魔の山』中川幸夫著（求龍堂, 2003）
『華　いのち 中川幸夫』谷光章企画・製作（イメージ・テン, 2014）
『君に成功を贈る』中村天風著（日本経営合理化協会出版局, 2002）
『夏目漱石全集』第8巻、第12巻　夏目漱石著（岩波書店, 1967）
『看護覚え書』F・ナイチンゲール著、薄井坦子、小玉香津子訳（現代社, 1988）
『ナイティンゲール―その生涯と思想Ⅰ～Ⅲ』エドワード・T・クック著、中村妙子、友枝久美子訳（時空出版, 1993）
「論文 ナイチンゲールの名言秘話」金井一薫著（看護教育第55巻第9号, 医学書院, 2014）

『心にしみる名僧名言逸話集』松原哲明著（講談社 , 1993）
『言葉を伝える花束』リー・オーキーズ他著（徳間書店 , 2016）
『コレクション日本歌人選 020　辞世の歌』松村雄二著、和歌文学会監修（笠間書院 , 2011）
『世界の名言名句 1001』ロバート・アープ編、大野晶子他訳（三省堂 , 2018）
『椿づくし』（講談社 , 2005）
『ときめく薔薇図鑑』元木はるみ著（山と渓谷社 , 2018）
『日本の色辞典』吉岡幸雄著（紫紅社 , 2000）
『花のことば 12 ヶ月』川崎景介著（山と渓谷社 , 2021）
『「花」の便利帖』深野俊幸、大田花き著（KADOKAWA, 2020）
『ヨーロッパの図像　花の美術と物語』海野弘著（パイ インターナショナル , 2019）
「MHK アーカイブス人物録」https://www2.nhk.or.jp/archives/jinbutsuroku/
「MHK 出版 みんなの趣味の園芸」https://www.shuminoengei.jp/

▼本書に収録した名言の表現方法について

・名言は書籍、資料、論文、ウェブサイトなどを参考にし、出典の明確なものを掲載いたしました。紹介した名言は、出典以外にも様々な媒体で記載され、本書とは異なる言い回しの場合もございます。
・名言を紹介するにあたり、可能な限り、出典に忠実にすることを心がけました。中には読みやすさを重視し、難解な漢字や表現を易しい言葉に変更するなど、出典とは異なるものもございます。
・旧仮名遣いの文章は、現代仮名遣いにしているものもあります。
・翻訳された書籍、資料は訳者によって表現の違う文章が多い場合、名言として読みやすい言葉を選択したり、抜粋・変更したものもございます。翻訳者の方々に敬意を表するとともに、ご理解いただけましたら幸いでございます。
・本書に登場するすべての偉大な方々に、心から感謝を申し上げます。

『マティス　画家のノート』A・マティス著、二見史郎訳（みすず書房 , 1978）
『マティスの肖像』ハイデン・ヘレーラ著、天野知香訳（青土社 , 1997）
『「知の再発見」双書 47 マティス』グザヴィエ・ジラール著、高階秀爾監修（創元社 , 1995）
『オグ・マンディーノ　人生を語る―偶然を奇跡に変える 17 のルール』O・マンディーノ著、由布翔子訳（ダイヤモンド社 , 2008）
『ノーベル賞文学全集 24』荒井正道訳（主婦の友社 , 1975）
『花の知恵』M・メーテルリンク著、高尾歩訳（工作舎 , 1992）
『アンの青春』L・M・モンゴメリ著、村岡花子訳（講談社 , 1976）
『八木重吉詩集』鈴木亨編（白鳳社 , 1992）
『南無阿弥陀仏 付心偈』柳宗悦著（岩波文庫 , 2019）
『生きて死ぬ智慧』柳澤桂子著、堀文子画（小学館 , 2005）
『二重らせんの私』柳澤桂子著（早川書房 , 1995）
『ガンバリルおじさんとホオちゃん』やなせたかし著（小学館 , 2008）
「香美市立やなせたかし記念館」公式サイト https://anpanman-museum.net/
『蕪村春秋』髙橋治著（朝日新聞社 , 1998）
『蕪村俳句集』尾形仂校注（岩波文庫 , 1989）
『鉄幹晶子全集 10』与謝野寛、晶子著（勉誠出版 , 2003）
『どうか娘を頼みます』吉川文子編（六興・出版部 , 1969）
『吉川英治全集　補巻 3　書簡・川柳・俳句・詩歌』吉川英治著（講談社 , 1970）
“Farlig Midsommar”（スウェーデン語原書版「ムーミン谷の夏まつり」）Tove Jansson（Schildts, 1954）
『ムーミン童話全集 4　ムーミン谷の夏まつり』トーベ・ヤンソン著、下村隆一訳（講談社 , 1990）
『ムーミン谷の名言集』トーベ・ヤンソン著、渡部翠訳（講談社 , 2003）
「ムーミン」公式サイト https://www.moomin.co.jp/
『古木再び花を生ず―禅語に学ぶ生き方』細川景一著（禅文化研究所 , 2000）
『世界文学全集 29　リルケ』谷友幸、高安国世訳（講談社 , 1976）
『ルターのりんごの木』M・シュレーマン著、棟居洋訳（教文館 , 2015）
『バラの画家　ルドゥテ』シャルル・レジェ著、高橋達明訳（八坂書房 , 2005）
『平行植物』宮本淳訳（工作舎 , 2011）
『夜の手帖―マリーローランサン詩文集』大島辰雄訳（六興出版 , 1977）
『マリー・ローランサン』フロラ・グルー著、工藤庸子訳（新潮社 , 1989）
『ロダンに聞く―ポール・クセル集録』内藤濯訳（創元社 , 1961）
『スミレのように踏まれて香る』渡辺和子著（朝日新聞出版 , 2012）
『置かれた場所で咲きなさい』渡辺和子著（幻冬舎 , 2014）
『女の肖像―現代日本の女流 100 人』稲越功一著（文藝春秋 , 1984）

杉原梨江子（すぎはら・りえこ）

作家。広島県生まれ。編集者、取材記者などを経て、執筆活動に入る。日本の木の文化、世界各地の木、花、ハーブにまつわる伝承や神話、思想を研究。また、原爆、戦争、震災を生きのびた木々を訪ね、当時の記憶がある人々から話を聴き取り、後世に伝える活動を続けている。著書に『神話と伝説にみる花のシンボル事典』『被爆樹巡礼～原爆から蘇ったヒロシマの木と証言者の記憶』『いちばんわかりやすい北欧神話』など。日本文藝家協会会員。

杉原梨江子ウェブサイト　http://rieko-sugihara.com

偉人《いじん》の花《はな》ことば

発行日　2021年12月22日　初版発行

著　者　杉原梨江子
発行者　酒井文人
発行所　株式会社説話社
〒169-8077 東京都新宿区西早稲田1-1-6

協力　エステルフラワーデザインスタジオ
（青木悦子、青木桃子、馬場しんり）
前橋文学館

装画・挿し絵　三村晴子
デザイン　染谷千秋
編集担当　酒井陽子

印刷・製本　中央精版印刷株式会社

ISBN 978-4-906828-81-4　C 0095